Joachim F. Muhs

Wie beurteile ich eine Yacht?

Eine Kaufberatung

Klasing & Co GmbH

Weitere Titel des Autors im Delius Klasing Verlag:

Cockpitinstrumente auf Segelyachten
Bordinstrumente auf Motoryachten
Yachtelektrik
Yachtelektronik

Die Deutsche Bibliothek – CIP-Einheitsaufnahme
Muhs, Joachim F.:
Wie beurteile ich eine Yacht? / Joachim F. Muhs. – Bielefeld :
Klasing, 1991
  (Yacht-Bücherei ; Bd. 95)
  ISBN 3-87412-128-3
NE: GT

© Copyright by Klasing & Co GmbH, Bielefeld
Einbandgestaltung: Siegfried Berning
Zeichnungen: Joachim F. Muhs
Fotos: Hans-Günter Kiesel
Printed in Germany 1991
Druck: Ludwig Auer GmbH, Donauwörth

Inhalt

Vorwort 8

Die Yacht, ein schwer zu fassendes Gebilde 9
Die Fakten 11
Fahrtleistung 12
Verdrängung 14
Rumpfgeschwindigkeit 16
Stabilität 17

Definitionen: Seekreuzer oder Jollentyp? 22

Bootsdaten: Was im Prospekt steht 26
Längen 26
Breiten 27
Tiefgang 28
Freibord 29
Deplacement 30
Verdrängung 30
Ballast 31
Segelfläche 31

Kriterien: Die Eigenschaften einer Yacht 32
Schnelles Segeln 33
Höhe am Wind 36
Manövrierfähigkeit und Kursstabilität 39
Steifigkeit 43

Trockenes Segeln 44
Seetüchtigkeit 46
Seefreundlichkeit 48
Wohnlichkeit 51
Sicherheit 54

Baumerkmale: Auf der Messe zu besichtigen 57
Lateralplan 57
Hauptspant 59
Knickspant 61
Kiel 62
Ruder 65
Vorflosse und Schwerpunktabstand 70
Vorsteven 71
Heck 77
Rigg 79
Motor 85
Propeller 86

Verhältnisse: Am Schreibtisch vergleichen 88
Längen-Breiten-Verhältnis 89
Segelflächen-Wasserlinien-Verhältnis 91
Längen-Verdrängungs-Verhältnis 93
Segelflächen-Verdrängungs-Verhältnis 95
Segelflächen-Längen-Verhältnis 97
Segelgeschwindigkeits-Wasserlinien-Verhältnis 97

Diagramme: Am Schreibtisch auswerten 101
Fahrtleistungs-Diagramm 101
Eigenschaften auf einen Blick 104

Fahrdaten: Auf dem Wasser ausprobieren 107
Unter Segeln 107
Unter Motor 114

Stabilität und metazentrische Höhe 118
Stabilitätsvergleich 120

Anhang 123
Symbole und Bezeichnungen 123
Windstärken-Tabelle 127
Linienriß: Röntgenbild der Yachteigenschaften 128
Zylinderkoeffizient 133

Stichwortverzeichnis 135

Vorwort

Um eine Yacht beurteilen zu können, bedarf es Vergleiche, die der Prospekt nicht ohne weiteres hergibt. Nicht einmal das Boot in der Messehalle. Wohl sind Verarbeitung und Deckslayout zu besichtigen, aber über die eigentlichen Werte einer Yacht: Seefreundlichkeit, Manövrierfähigkeit, Stabilität, Schnelligkeit und so weiter, kann man nahezu nichts erfahren. Man muß sich auf sein Augenmaß verlassen, und das ist von glänzendem Gelcoat oft genug geblendet. So war ein Rezept nötig, die Eigenschaften einer Yacht transparent zu machen.

In der Yachtkonstruktion arbeitet man mit Verhältniswerten aus Yachtdaten, Maßen und sonstigen Parametern, und auch mit bestimmten Baumerkmalen, um daraus die spezifischen Eigenschaften einer neuen Konstruktion abzuleiten. Das System Yacht nämlich ist so leicht nicht mathematisch zu fassen, als daß man, etwa durch Einsatz eines Computers, auf statistische Werte verzichten könnte.

Dieses Buch geht den umgekehrten Weg: Es versucht, ein fertiges Boot in ein Schema zu bringen, um hinter seinen Charakter zu kommen. Dabei helfen die beschriebenen Kriterien und vergleichenden Koeffizienten, um bestimmte Eigenschaften und die dazugehörigen Baumerkmale zu beurteilen. Nach der Lektüre dieses Buches ist es möglich, ohne einen Fuß an Bord einer Yacht zu setzen, abzuschätzen, ob es sich um ein schnelles oder langsames, steifes oder rankes, kursstabiles oder gut manövrierendes, übertakeltes oder untertakeltes Boot handelt. Doch auch die praktische Prüfung kommt nicht zu kurz. Einfach zu ermittelnde Fahrdaten runden das Rezept ab.

Sylt, im Frühjahr 1991   *Joachim F. Muhs*

Die Yacht, ein schwer zu fassendes Gebilde

„Segelyachten werden heute zu sehr nach Stehhöhe und Kojenbreite gekauft. Das separierbare WC und die Kühlbox sind den zukünftigen Eignern wichtiger als die Segelleistung." Auf diese Klage von Konstrukteuren gibt es eine einfache Antwort: die Uniformität von Yachten. Fast

Segeln auf einem Küstenkreuzer: Bei mehr als 5 Bft. macht dieses Boot bereits relativ unkontrollierte Bewegungen. Ist sein scharfer Steven daran schuld, in Verbindung mit einem zu breiten Heck?

ausschließlich kommen sie mit Kurzkiel, zeigt der weiße IOR-Rumpf einen blauen Wasserpaß. Sie suggerieren dem Kaufinteressenten: Unterschiede gibt es nur noch in den Rumpflängen. Das stimmt so natürlich nicht, aber die Unterscheidungsmerkmale fabrikmäßig gefertigter Yachten treten nicht mehr so deutlich zutage wie etwa zu Zeiten des Individualbaus.

Es ist deshalb wichtig geworden, Yachten unmittelbar miteinander zu vergleichen, will man ihre spezifischen Eigenschaften erkennen. Am besten wäre es, sie gegeneinander zu segeln. Doch wann ist das schon möglich? Eine Yacht ist schließlich nicht so mobil wie ein Auto. Dieses Buch macht deshalb einen anderen Vorschlag. Wenn die eine Yacht schon am Mittelmeer, und die andere an der Ostsee liegt, dann sollte man zumindest an Hand ihrer Hauptabmessungen spezifische Koeffizienten errechnen, die in die Lage versetzen, theoretisch zu vergleichen – mit allen Einschränkungen selbstverständlich, die Theorie und Praxis voneinander trennen.

Denn eines gilt nach wie vor, eine Fahrtenyacht soll, neben wohnlichem Innenausbau und praktischer Ausrüstung, auch auf möglichst allen Kursen gut segeln. Sie muß seetüchtig sein und darüber hinaus gutes Seegangsverhalten zeigen. Abstriche, die aufgrund der Größe zu machen sind, kann man leicht selbst beurteilen. Was bequem und praktisch ist auch. Die Segeleigenschaften und die Fahrtleistung indessen zu erkennen, von einem Boot, das oft noch hoch und trocken liegt, ist schon recht schwierig. Dazu sind Erfahrungen nötig, oder eben vergleichende Werte und Koeffizienten.

Die Praxis kann sie später bestätigen, wie man überhaupt auf den Bootsausstellungen Rumpfformen studieren und dann draußen auf See beobachten sollte, wie sich diese Boote im Wasser verhalten. Das schärft den Blick für gelungene Konstruktionen und für weniger gelungene Seegurken.

Auf den Messen jedoch bleibt, die Hauptmerkmale wie Länge und Verdrängung, Kiel und Ruder, Bug und Heck, Segelfläche und Unterwasserschiff in Augenschein zu nehmen. Das Entwurfskonzept jeder Yacht ist notwendigerweise ein Kompromiß. So kann man von einer Seegurke eigentlich nur sprechen, wenn sicherheitsrelevante Faktoren nicht stimmen, das Boot auf See beispielsweise Gefahr läuft, seinen Kiel zu verlieren, weil dessen Aufhängung nicht ordentlich berechnet wurde. Andere Dinge sind eine Frage des eigenen Standpunktes, was man mit dem jeweiligen Boot anfangen will nämlich: Einen zum Wohnen ausgelegten Motorsegler kann man ebenso wenig abwertend beurteilen, weil er schlecht segelt, wie eine nur mit Rohrkojen ausgestattete Regattayacht, auf der man nicht wohnen kann. Wichtig bei der Bewertung einer Yacht ist es deshalb, hinter ihr Konzept zu kommen.

Nun machen die Werften und Bootsverkäufer es einem da nicht gerade leicht. Sie versuchen ein schnelles Schiff zu verkaufen, das bis unter das Deck mit Kojen vollgestopft ist. Dieser Cruiser-Racer-Kompromiß funktioniert in der Regel nicht: Ein schweres Wohnschiff kann nicht allen anderen davonsegeln. Ein Leichtbau nicht gutmütig in die See einsetzen. Ein in der Wasserlinie breites Boot nicht extrem hoch an den Wind gehen. Jede Konstruktion hat mit den ihr eigenen Vorteilen eine Berechtigung. Beim Kauf eines Bootes muß man nur wissen, welcher Art von Segeln man den Vorzug gibt, was von Revier, Alter und Mentalität abhängt, und man muß versuchen, Kategorien zu finden, die die Vielzahl der angebotenen Yachten in sich gliedern. Erst innerhalb dieser Einteilungen kann man sie beurteilen. Zur Kategorisierung und Wertung aber sind Vergleichswerte nötig. Man muß sie sich erarbeiten.

Die Fakten

Wenn man den Wohnraum unter Deck einmal außer acht läßt, denn für bequeme Einrichtung mit ausreichend Stehhöhe sind kaum Vergleichskoeffizienten nötig, dann geraten Geschwindigkeit, Manövrierfähigkeit und Seegangsverhalten zu den drei tragenden Säulen für die Leistungsfähigkeit einer Segelyacht. Darin enthalten sind andere relevante Faktoren wie Stabilität, die Einfluß auf das Segeltragevermögen nimmt, angemessener Reserveauftrieb vorn für trockenes Segeln und die Fähigkeit, eine große Genua zu tragen, und Reserveauftrieb achtern, um mit flacher

Spantform schneller ins Gleiten zu kommen. Unter Seegangsverhalten fallen dann auch geringe Stampfbewegungen, verbunden mit einer möglichst großen Rolldämpfung. Kursstabilität und ein ausgeglichenes Ruder stehen für gute Steuereigenschaften.

Fahrtleistung

Die Leistungsfähigkeit einer Yacht wird leider meist nur an ihrer Geschwindigkeit gemessen, an ihrer Möglichkeit, einem anderen Boot den Tampen zu zeigen. Für konventionelle Yachten mit Ballast gibt es indessen eine fast nicht mehr zu beeinflussende Geschwindigkeitsgrenze, die durch die Wasserlinienlänge festgeschrieben ist. Sobald sie ihre sogenannte Rumpfgeschwindigkeit erreicht, stößt jede Verdrängeryacht mit zum Tragen der Segel nötigem Kielballast an eine Art Schallmauer, die sie auch nicht durch mehr Segelfläche durchbrechen kann.

Mit geeigneten konstruktiven Maßnahmen ist diese Mauer allenfalls hinauszuschieben: Die Fahrt einer Yacht durch das Wasser wird durch Widerstände gebremst, die jeder Konstrukteur versucht, so klein wie möglich zu halten. Die von seinem Auftraggeber geforderten Maße und Baumerkmale setzen ihm allerdings Grenzen. Am Zug der Ankerleine einer Yacht im Strom kann man feststellen, wie gut der Konstrukteur seine Aufgabe gelöst hat. Hier sind Reibungs- und Formwiderstand als hydrodynamischer Gesamtwiderstand vereinigt. Ihn muß die Segelkraft überwinden. Beide, Widerstand durch Reibung des Wassers an der Außenhaut und der Widerstand durch die Formgebung einer Yacht, ändern sich mit der Geschwindigkeit des Wassers.

So muß bei geringer Geschwindigkeit mehr die Reibung überwunden werden, während sich mit zunehmender Fahrt mehr die Form zum Hemmnis für die Vorausgeschwindigkeit steigert. Der Reibungswiderstand wächst aber auch mit der Größe der im Wasser vorhandenen Fläche, der benetzten Oberfläche, und nur hierauf hat der Konstrukteur Einfluß: Er kann das Unterwasserschiff verkleinern, den Kiel kürzen und ein schärferes Hauptspant zeichnen. Die Reduzierung der Oberflächenrauhigkeit, eines ebenfalls fahrthemmenden Faktors, muß er der Werft überlassen und später dem Eigner, der aufgerufen ist, sein Unterwasserschiff glatt zu halten.

Der Formwiderstand wird im wesentlichen bestimmt von der Länge und Schärfe des Rumpfes und von seiner Hauptspantfläche. Daraus resultiert der sogenannte Wellenwiderstand. Bei gegebener Bootslänge

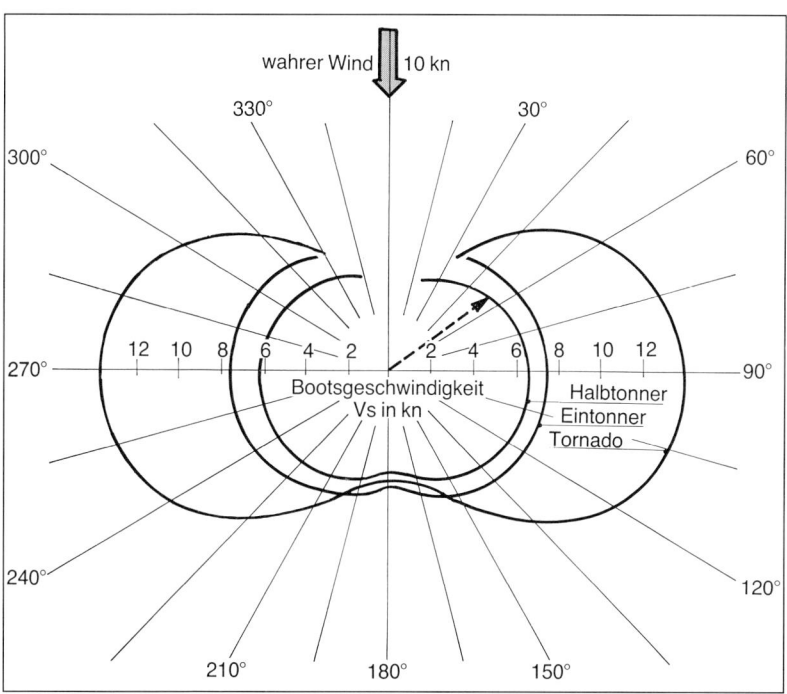

Das Diagramm zeigt die gemessenen Geschwindigkeiten von drei unterschiedlichen Booten bei einer Windgeschwindigkeit von 10 kn auf verschiedenen Kursen: Während die Fahrt von Halb- und Eintonnern hauptsächlich von ihrer Länge in der Wasserlinie bestimmt wird, kommt der Tornado als Katamaran auf extrem hohe Geschwindigkeiten, die im wesentlichen auf seinen geringen Formwiderstand zurückzuführen sind.

kann der Konstrukteur auch hierauf Einfluß nehmen, indem er den Rumpf spitzer baut, seinen Schärfegrad verändert. Dazu kommen sogenannte induzierte Widerstände an Rumpf und Rigg, Fahrthemmer, hervorgerufen beispielsweise durch Verwirbelungen am Propeller, an der Ruderanlage oder am Spiegel, und der durch Krängung entstehende zusätzliche Widerstand, der extrem hoch werden kann bei breiten Unterwasserschiffen. Aber auch zuviel Freibord, hohe Aufbauten, dicke Mastprofile und übermäßige Verstagung können am Wind bis zu 10% des bremsenden Gesamtwiderstandes hervorrufen.

Verdrängung

Der Wellenwiderstand einer Verdrängeryacht begrenzt also ihre Geschwindigkeit. Er wird letztlich so groß, daß auch erhöhte Antriebskraft nur Wellen erzeugt. Die Wellenbildung folgt einem physikalischen Gesetz, wonach keine Energie verlorengeht, sondern lediglich in eine andere Form umgewandelt wird.

Wenn die Wasserteilchen einen Yachtrumpf erreichen, gleichgültig ob sich das Wasser bewegt oder das Boot, besitzen sie eine bestimmte Geschwindigkeit. Am Rumpf werden sie gebremst, ihre Bewegungs- oder kinetische Energie sinkt. Da die Gesamtenergie als Summe aus kinetischer und potentieller Energie (Energie die Hubarbeit verrichtet) aber erhalten bleibt, muß die potentielle Energie zunehmen: das Wasser am Bug steigt. Hinter dem Steven nimmt die kinetische Energie wieder zu, und die Wasserteilchen kommen wieder mehr in Fahrt, um die größere Distanz um den Rumpf herum zurückzulegen: das Wasser fällt. Am meisten da, wo der Schiffsbau am dicksten ist. Es bildet sich ein Wellental um so stärker, je größer die Geschwindigkeit und das eingetauchte Volumen sind. Mit höherer Geschwindigkeit streckt sich das Tal und wandert mit seinem hinteren Wellenberg weiter nach achtern. Große Verdrängung mitschiffs, ein tiefgezogenes Hauptspant, das sich U- oder gar V-förmig darstellt, erzeugt ein viel tieferes Wellental, als weniger Verdrängung mit flachgezogenen Linien. Achtern schlank auslaufende Heckformen zu-

VERDRÄNGUNG

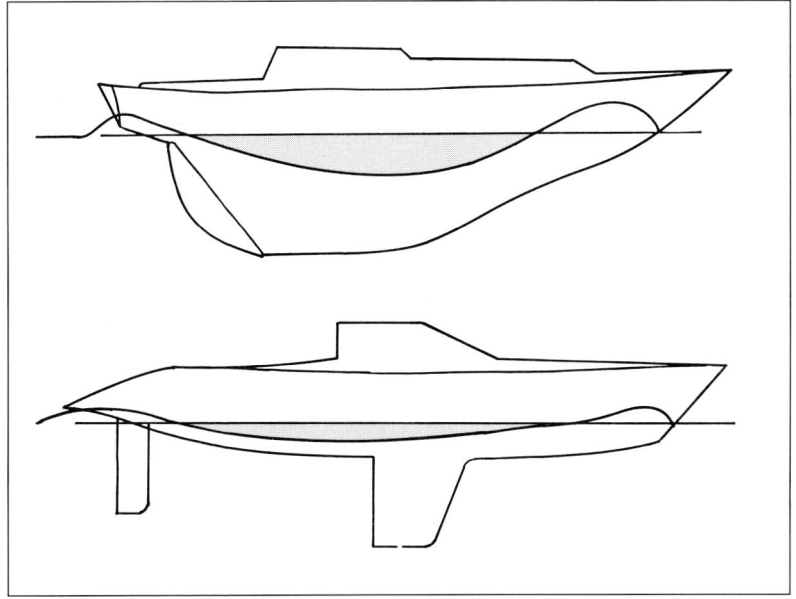

Auf Grund geringerer Verdrängung erzeugt der Kurzkieler ein flacheres Wellental. Er kommt dadurch eher auf seine Rumpfgeschwindigkeit und oft auch darüber hinaus, wenn flachgezogene Linien seine wellenbildende Länge vergrößern.

dem, wie sie die früher üblichen Langkieler mit schmalem positivem Spiegel und heute noch die H-Boote aufweisen, erzeugen den hinteren Wellenberg exakt am Ende ihrer Wasserlinie. Yachten mit achtern volleren und gleichzeitig flacheren Linien auch schon mal hinter ihrem Spiegel.

Wenn eine Yacht Höchstgeschwindigkeit läuft, liegen Bug und Heck gemeinhin auf je einem Wellenberg: Eine Verdrängeryacht hat dann ihre Rumpfgeschwindigkeit erreicht. Theoretisch kann sie nicht schneller werden, weil der hintere Wellenberg so weit nach achtern wandert, daß das Heck in ein Wellental fällt und das Boot quasi immer steiler bergan fahren muß. Mit geschickt ausgelegten Rumpflinien kann es gelingen, die sogenannte wellenbildende Länge etwas zu vergrößern, so daß ein leichtes Schiff mit nur wenig wellenerzeugenden Linien schneller laufen kann, als es seine Rumpflänge in der Wasserlinie eigentlich zuläßt. Ein flaches Wellensystem benötigt ja weniger Energie als ein tiefes mit gleicher Wellenlänge: Einer nur wenig wellenerzeugenden Yacht geht also weniger Energie für ihren Antrieb verloren.

Rumpfgeschwindigkeit

Jede Wasserwelle besitzt eine Eigengeschwindigkeit, die streng von ihrer Länge abhängt: Sie kann sich nicht schneller als 2,43 $\sqrt{\text{Wellenlänge}}$ fortbewegen. Ein Verdrängerboot nun, das seinerseits keine längere Welle entwickeln kann, als es seine wirksame Wasserlinie zuläßt, sitzt damit gefangen in seinem eigenen Wellensystem: Es kann nur so schnell sein wie die Welle. Seine Höchstgeschwindigkeit ergibt sich daraus zu 2,43 $\sqrt{\text{Wasserlinienlänge}}$, die Geschwindigkeit in Knoten und die Länge in Metern.

Yachten mit modernen Heckpartien können unter günstigen Umständen diese Geschwindigkeit bis zu einem Wert von 2,72 überschreiten, sogenannte Leichtdeplacementyachten sogar noch mehr: bis zu Geschwindigkeiten von 3,62 $\sqrt{\text{LWL}}$. Es kommt genaugenommen auf die wirksame wellenbildende Wasserlinie an, die sich bei Krängung oder schon durch Verlagerung des Trimmgewichts theoretisch verlängern kann. Dadurch ergeben sich die höheren Faktoren.

In einen echten Gleitzustand kommen nur Rennmaschinen, Jollen und leichte Schwertboote. Die Geschwindigkeit eines Flying Dutchman (FD; internationale Jollenklasse) zum Beispiel wurde schon mit 14,5 Knoten gemessen, was ein Geschwindigkeits-Längen-Verhältnis von 6,34 ergibt. Eine Fahrtenyacht indessen, zumal mit vollen Tanks und Urlaubsausrüstung, wird über ein Verhältnis von 2,43 nicht hinauskommen.

Die Wellenberge vorn und achtern signalisieren: Dieser Admiral's Cupper hat seine Rumpfgeschwindigkeit erreicht. Als extreme Leichtdeplacementyacht sind Geschwindigkeiten bis $v_S/\sqrt{LWL} = 3{,}62$ möglich.

Stabilität

Eine Segelyacht kommt zudem nur auf ihre Geschwindigkeit, wenn sie auch in der Lage ist, die für den Vortrieb nötige Segelfläche zu tragen. Für die Fahrtleistung spielt die Stabilität damit eine wichtige Rolle. Mit Stabilität beschreibt man das Vermögen einer Yacht, sich aus geneigter Lage wieder in die senkrechte Schwimmlage zu bringen.

Stabilitätsverhältnisse an einer segelnden Yacht: Krängungsmoment (Winddruck · krängender Hebelarm) und Auftriebsmoment (Auftrieb · aufrichtender Hebelarm) halten sich die Waage. Mehr Winddruck wird von dem durch mehr Krängung größer werdenden aufrichtenden Hebelarm ausgeglichen.

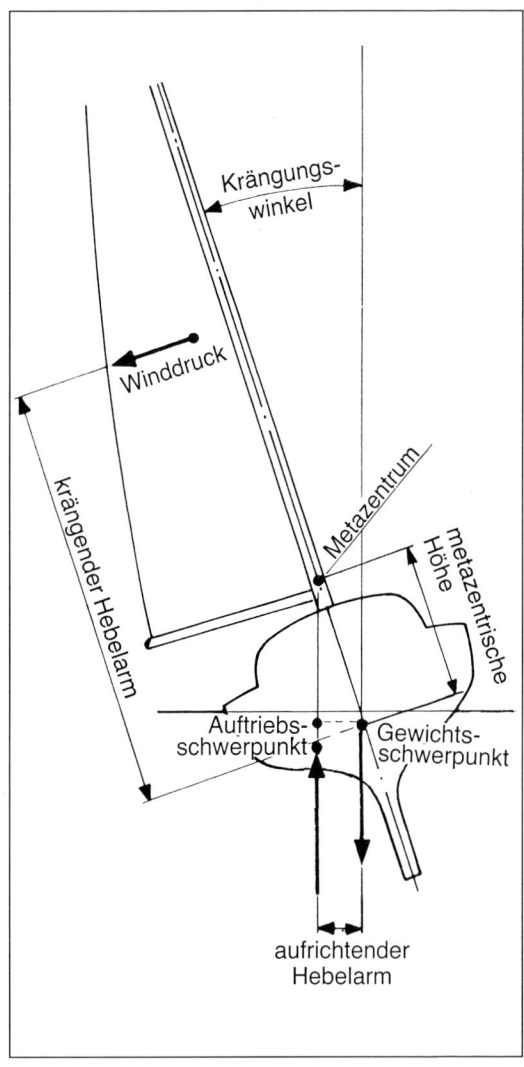

Damit ist ausreichende Stabilität auch ein Sicherheitsfaktor. So sollen Schiffe mit Ballastkiel unkenterbar sein, das heißt, sie sollen sich selbsttätig aus jeder Situation wieder aufrichten. Maß für die Stabilität ist die metazentrische Höhe GM (auch MG). Sie ist gleichsam der Abstand zwischen dem Gewichtsschwerpunkt G einer Yacht und ihrem Metazentrum M, des Schnittpunktes der Wirkungslinie des Auftriebs mit der geneigten Mittelachse des Bootes.

Gewichtsschwerpunkt G und Auftriebsschwerpunkt Z sind, vereinfacht, gedachte Punkte, die alles Gewicht und allen Auftrieb in sich vereinen. Im aufrechten Zustand befinden sie sich auf einer gedachten senkrechten Linie. Krängt das Boot, dann wandert der Auftriebsschwerpunkt nach Lee: Es entsteht ein aufrichtendes Moment mit dem Hebelarm h, der Strecke GZ. Die Stabilität einer Yacht hängt damit von der Lage der beiden Schwerpunkte zueinander ab.

Der Stabilitätsumfang nun setzt sich zusammen aus der Formstabilität, die sich aus der Spantform ableitet und der Gewichtsstabilität, die abhängt von der Größe des Ballastes und seiner Lage. Moderne Verdrängertypen haben ihren Ballast in der Regel so tief gelegt, daß sie bis zu Krängungswinkeln von 130° und mehr selbstaufrichtend sind. Sie holen ihre Stabilität in erster Linie aus einem tiefliegenden Gewichtsschwerpunkt (hohem Ballastanteil oder tiefliegendem Ballast im Kiel) und erst dann aus ihrer Rumpfform.

Ein breiter Rumpf (wie ihn moderne Yachten schon wegen des besseren Wohnraumangebots besitzen), dessen Auftriebsschwerpunkt bei Lage weit nach Lee kommt, dazu mit hohem Freibord, trägt zur Stabilität bei. Breiten Schiffen mit hoher Anfangsstabilität sagt man deshalb nach, sie seien formstabil, schmalen, die ihre Stabilität vorwiegend aus ihrem Ballastgewicht holen, sie seien gewichtsstabil. Dennoch wirken Form- und Gewichtsstabilität stets zusammen. Eine schlanke Yacht wird immer mit mehr Krängung segeln, dafür aber weicher in ruppige See einsetzen. Ein breiter Rumpf bewegt sich meist viel härter und schneller auf See und fördert unter Umständen viel eher die Seekrankheit. Dafür aber segelt er trockener.

DIE YACHT, EIN SCHWER ZU FASSENDES GEBILDE

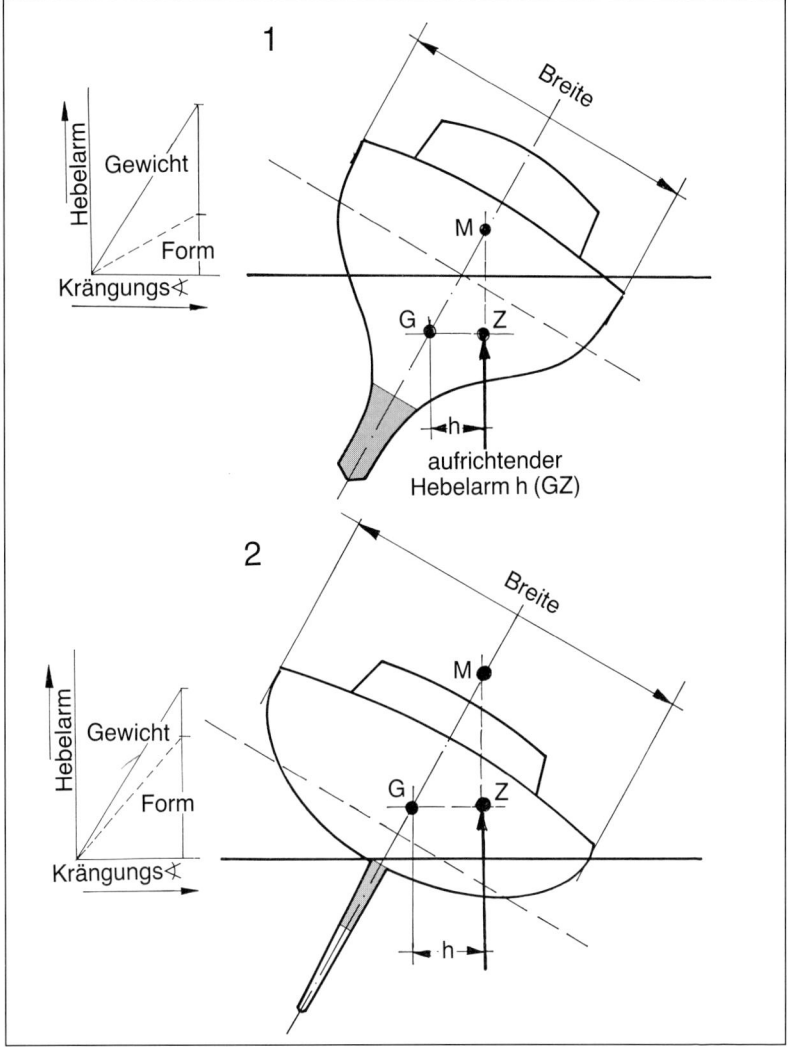

Ein Boot sollte deshalb nur so breit sein, wie es die Stabilität erfordert. Eine gute Konstruktion zeigt sich denn auch in ausgeglichenen Anteilen von Form- und Gewichtsstabilität. Einem Küstenkreuzer mit der Chance, jeden Abend einen Hafen anzulaufen, hat der Konstrukteur womöglich mehr Formstabilität gegeben, während er einem für Ozeanreisen ausgelegten Seekreuzer unter Umständen mehr Gewichtsstabilität zugedacht hat, um Mannschaft und Ausrüstung zu schonen. In jede Yacht aber muß er soviel Stabilität hineinkonstruieren, daß sie ihre Segelfläche, die nötig ist, um auf Rumpfgeschwindigkeit zu kommen, bis vier Beaufort ohne Reff tragen kann.

Die Eigenschaften einer Yacht sind damit vom Konstrukteur vorausbestimmt. Aus ihren Daten und Baumerkmalen sollte man als Käufer umgekehrt Schlüsse ziehen können. Der persönlichen maßgeschneiderten Yacht steht dann nichts mehr im Wege.

Der Stabilitätsumfang entsteht aus der Summe von Formstabilität: je breiter das Boot, desto größer, und Gewichtsstabilität: je größer das Ballastgewicht und je tiefer, desto größer. Deshalb ist die Stabilität der gezeichneten unterschiedlichen Boote im Endeffekt gleich. M = Metazentrum; G = Gewichtsschwerpunkt; Z = Auftriebsschwerpunkt (hier greift der Auftrieb an). Der Vergleich zeigt auch, daß gute Formstabilität ein Schiff trockener segeln läßt: Während Boot 1 seine Fußreling schon durch das Wasser zieht, zeigt Boot 2 noch Leefreibord.

Definitionen: Seekreuzer oder Jollentyp?

Bevor man sich ernsthaft mit einer Segelyacht befaßt, sollte man wissen, was für eine Art Boot man vor sich hat. Eine Segelyacht zu definieren, sie in eine Art Klasse einzuordnen, ist schwierig. Zwar ist das Angebot vielschichtig, doch gibt es keine Serienwerft, die sich festlegen lassen möchte. Kaum mag man unterscheiden zwischen Regatta- und Fahrtenyacht, so daß der Racer-Cruiser immer noch kursiert, ein undefinierter Zwitter, der für beides nicht recht taugt.

Ähnlich wie man beim Auto zwischen Kleinwagen, Mittelklasse- und Luxusgefährt unterscheidet, muß man gerade bei Booten differenzieren: Erst wenn festgelegt wurde, ob Schwert- oder Kielboot, Küsten- oder Seekreuzer, kann man ein Boot richtig beurteilen. Für jeden Typ schließlich gelten bestimmte Kriterien. So kann für ein Boot, das vorwiegend an der Küste bei Sonne gesegelt wird, das Cockpit gar nicht groß genug sein. Für einen Seekreuzer dagegen wünscht man es sich aus Sicherheitsgründen klein – weniger als 6% des Yachtvolumens besagt die Regel.

Ähnlich verhält es sich mit vielen anderen Punkten: Auf einem Boot, das jeden Abend einen Hafen anläuft, sind Doppelkojen eine optimale Lösung, für Seeyachten dagegen taugen sie nicht. Ein Regattaboot fährt Backstagen für eine optimale Mastkurve, auf einer Fahrtenyacht komplizieren sie das Segeln unnötig. Jedes Boot gehört also klassifiziert: Typ, Verwendungszweck und Fahrtgebiet bieten sich als Kriterium an, um weiter über seine Qualitäten zu reden. Man muß wissen, wofür es konzipiert wurde. Am besten kann das natürlich der Konstrukteur beantworten: Er hat sein Boot für einen bestimmten Zweck konstruiert.

Die Stabilitätseigenschaften von Booten sind auch eine Frage ihrer Größe: Während der Kleinkreuzer (1) sich selbst auf dem Raumgang schon recht „wackelig" zeigt und fast zu viel Segel trägt, kann die größere Yacht (2) auf diesem Kurs bei gleicher Windgeschwindigkeit noch leicht ihren Spinnaker tragen. Zwar sind mit Kleinkreuzern schon spektakuläre Seereisen gemacht worden, man sollte sie jedoch nur in geschützten Küstenräumen (Fahrtgebiet IV) segeln, da sie in der Regel nur bedingt kentersicher sind. Der zur Kentersicherheit nötige Ballastanteil nämlich wird, je kleiner das Boot, unverhältnismäßig hoch.

DEFINITIONEN: SEEKREUZER ODER JOLLENTYP?

Ehe man sich nun selbst dranmacht, Boote in die verschiedenen Schubladen einzuordnen, sollte man bei den Profis nachschauen, beim Germanischen Lloyd (GL) etwa, in dessen „Klassifikations- und Bauvorschriften Teil 3 – Wassersportfahrzeuge" man sie sozusagen genormt vorfindet. Danach wird unter Segelbooten zwischen 5 Typen entschieden:
1 Segeljollen: Segelboote ohne Ballastkiel und ohne Aufbau.
2 Jollenkreuzer: Segelboote ohne Ballastkiel.
3 Kielsegelboote: Segelboote mit Ballastkiel.
4 Segelyachten: Gedeckte Fahrzeuge mit fest installierter Motorenanlage und Ballastkiel, bei denen das Verhältnis von Segelfläche zur Verdrängung: $\sqrt{AS} / \sqrt[3]{V} \geq 3{,}5$ ist.
5 Motorsegelyachten: Gedeckte Fahrzeuge mit Aufbau und fest installierter Motorenanlage, bei denen das Verhältnis $\sqrt{AS} / \sqrt[3]{V} \geq 2{,}5$ ist.

Mit Verdrängung V definiert man hier das Volumen des bis zur Schwimmwasserlinie eingetauchten fahrfertigen Bootes, mit Segelfläche AS das Vorsegeldreieck plus dem Großsegeldreieck, die rein geometrischen Größen, also ohne Bauch und Überlappung.

Befriedigen können diese Kategorien den ernsthaften Bootsbeurteiler indessen nicht, denn die meisten seiner Probanden fallen vermutlich unter die Definition 4: Segelyachten. Hier helfen die ebenfalls vom Germanischen Lloyd festgelegten Fahrtbereiche weiter: nach diesen Vorschriften konzipierte Yachten nämlich können für bestimmte Fahrtgebiete gebaut und ausgerüstet sein. Im Prinzip ist es möglich, jede Yacht danach einzuordnen. Man besitzt damit einen hervorragenden Anhalt für weitere Dispositionen, zumal sich in den Bauvorschriften auch Erklärungen finden, warum ein Bootskonzept für gerade diesen Fahrtbereich geeignet erscheint. So basieren sie beispielsweise auf der Konstruktion der Rumpf-Hauptverbände und des Ruders, ziehen Schotte, Deck, Freibord und Cockpit (Volumen und Lenzrohre) mit ein, Relingshöhen, Art und Glasdicken der Fenster, Deckslüken, Trinkwassertanks, Wohneinrichtung (Toilette und Pantry), Raumhöhen, Sitzplätze und so weiter, aber auch die schiffssicherheitstechnische Ausrüstung. Natürlich ist das Krängungsmoment ebenfalls relevantes Kriterium.

Die Fahrtgebiete sind vom Germanischen Lloyd in fünf Bereiche festgelegt (genauere Definition siehe GL-Yachtbauvorschrift):

Fahrtbereich I: Uneingeschränkte Fahrten fern von Küsten, wobei das Boot völlig auf sich allein gestellt in der Lage sein muß, Notsituationen zu bewältigen.

Fahrtbereich II: Fahrten entlang der Küsten in einem Seegebiet 200 Seemeilen vom Festland.

Fahrtbereich III: Fahrten entlang der Küste in einem Seegebiet 20 Seemeilen vom Festland.

Fahrtbereich IV: Tagesfahrten zwischen nahegelegenen Häfen entlang der Küste nicht mehr als 3 Seemeilen vom Festland.

Fahrtbereich V: Fahrten auf Binnenseen, Flüssen und Bundeswasserstraßen 1,5 Seemeilen vom Ufer, beziehungsweise Festland, und Tagesfahrten auf einem Watt- oder Seegebiet nicht weiter als 0,75 Seemeilen vom Festland.

Nach diesen Kategorien kann man dann leicht zwischen
- Langfahrtyacht (Fahrtbereich I)
- Seekreuzer (II)
- Küstenkreuzer (III)
- Jollen- und Kleinkreuzer (IV)
- Jollen und offene Boote (V)

unterscheiden, wenn man den vorgesehenen Fahrtbereich kennt (bei der Werft erfragen). In Frankreich sind Bootskategorien für Sportboote bis 25 Meter Länge und bestimmte Fahrtgebiete obligatorisch. Sie stehen im Bootsprospekt der Werften, die damit werben. Dem Bootsinteressenten erleichtern sie die Qual der Wahl.

Bootsdaten:
Was im Prospekt steht

Bootsdaten dienen der Bestimmung einer Yacht, was am einfachsten mit Länge und Breite erfolgt: Grob läßt sich damit schon einiges über ein Boot sagen. Schließlich berechnen alle Hafenmeister der Welt mit diesen Daten die Liegegebühr. Eine Yacht ist indes ein diffizileres Gebilde, als daß sich ihre Eigenschaften so einfach bestimmen ließen. Tiefgang, Verdrängung und Segelfläche sind weitere spezifische Werte.

Längen

Die Länge eines Würfels ist exakt definiert, die eines Bootes nicht. Hier kommt man mit einer Längenangabe nicht aus: Will man den umbauten Raum definieren, dann wird die Rumpflänge, die Länge über alles (Lüa/LOA) relevant, für die Berechnung der erreichbaren Geschwindigkeit dagegen die Länge in der Wasserlinie (LWL). Bootswerften geben gern als Lüa die Gesamtlänge an und ziehen die Überhänge wie Bugkorb oder Anhänge wie am Spiegel angebrachte Ruder mit ein. Diese Länge wird jedoch als Gesamtlänge definiert und hat nichts mit der Rumpflänge Lüa zu tun. Die Gesamtlänge nimmt keinen Einfluß auf die Bootseigenschaften.

Länge über alles (Lüa/LOA)
Die Länge über alles ist das Maß zwischen der Hinterkante des Spiegels und der Vorkante des Vorderstevens. Sie wird parallel zur Schwimmwasserlinie ohne Berücksichtigung von Bugkorb, Scheuerleiste und derglei-

BREITEN

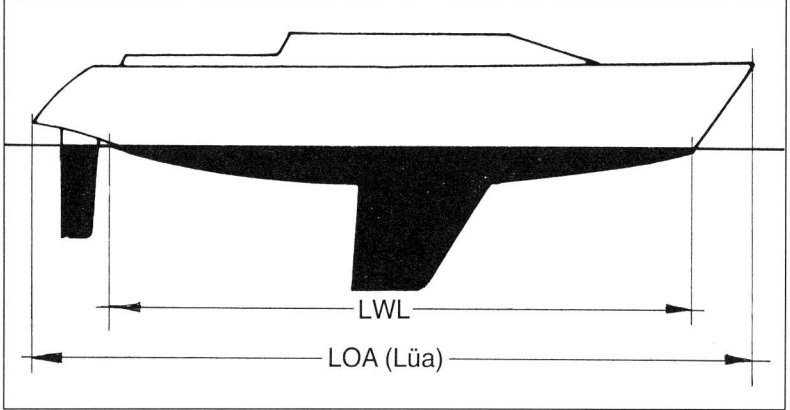

Eines der Hauptmaße für die Bestimmung einer Yacht: die Länge. Für die Fahrtleistung ist die Länge in der Wasserlinie (LWL) zuständig. LOA (Lüa) meint den Rumpf ohne Anhänge wie Bugkorb etc.

chen gemessen. Bei der Angabe der Lüa handelt es sich immer (nur) um die Rumpflänge, eine Definition, die unter Bootsbauern üblich ist.

Redet man von einer 10,5-Meter-Yacht, dann hat der Rumpf 10,5 Meter lang zu sein. Man sollte das nachmessen.

Länge in der Wasserlinie (LWL)
Sie wird definiert als Abstand der Hinterkante Hintersteven, beziehungsweise des Spiegels, von der Vorkante Vordersteven, gemessen auf der Schwimmwasserlinie der segelklar ausgerüsteten Yacht. Die Länge der Wasserlinie bestimmt die Geschwindigkeit eines Bootes in seiner sogenannten Verdrängerfahrt. Der Bootsbauerspruch, Länge läuft, bezieht sich auf diese (Wasserlinien-)Länge.

Breiten

Analog zur Länge teilt man auch die Bootsbreiten ein: Breite über alles und Breite in der Wasserlinie. Die Breite eines Bootes schafft Stabilität:

==Je breiter das Boot, desto besser seine Formstabilität. Breite bremst aber auch==, so daß die Konstrukteure bemüht sind, die Breite in der Wasserlinie möglichst schmal zu halten. Den Schnitt in der größten Breite eines Bootes bezeichnet man mit Hauptspant. Er liegt in Schiffen mit harmonischen Allroundeigenschaften in der Mitte der Wasserlinienlänge (0,5 LWL), in Kleinkreuzern mit breitem Heck oft im achteren Drittel, mit dem Nachteil hoher Luvgierigkeit bei Lage.

Breite über alles (Büa/BOA)
Mit Breite über alles wird die größte Breite des Rumpfes bezeichnet, gemessen über die Außenkanten der Außenhaut ohne Scheuerleiste oder ähnlichem. Dieses Maß läßt zusammen mit der Rumpflänge Schlüsse auf den umbauten Raum zu: je breiter ein Rumpf, desto mehr Platz bietet er unter Deck.

Breite in der Wasserlinie (BWL)
Die Breite in der Wasserlinie steht für eine Bootsbreite gemessen parallel zur Schwimmwasserlinie einer segelfertig ausgerüsteten Yacht. Multipliziert mit der Wasserlinienlänge (LWL) ergibt sie das Wasserlinien-Rechteck als Berechnungsgrundlage für die Segeltragfähigkeit von Schwertbooten, Kimmkielern und Kielschwertern. Die BWL ist zuständig für die Anfangsstabilität eines Bootes.

Tiefgang (T)

Mit Tiefgang definiert man den senkrechten Abstand zwischen der Schwimmwasserlinie des segelfertig ausgerüsteten Bootes und der Unterkante seines Kiels. Er trägt zur Vergrößerung des Lateralplanes bei, der Seitenfläche im Wasser, aber relativ wenig zur Anfangsstabilität (Steifigkeit). Erst mit ausreichender Krängung übt der Tiefgang auch größere (Gewichts-)Stabilität aus. Dann nämlich, wenn der Ballast anfängt zu wirken.

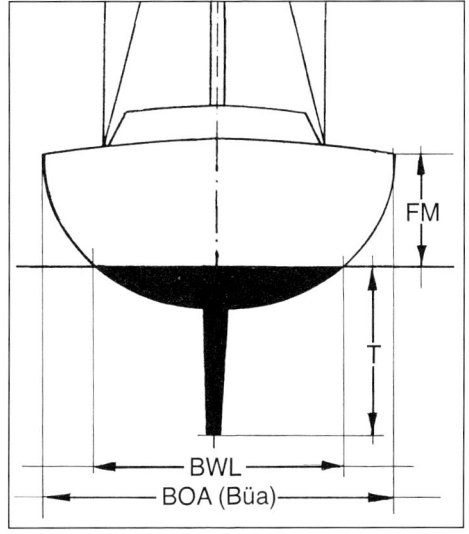

Die Breite der Wasserlinie (BWL) steht für Stabilität und Formwiderstand. Freibord (FM) und Breite über alles (BOA) erhöhen den Stabilitätsumfang bei mehr Krängung. T bezeichnet den Tiefgang.

Freibord (FM)

Der Freibord ist bei offenen Booten der geringste Abstand zwischen Schwimmwasserlinie und Oberkante Dollbord. An gedeckten Booten wird er bis zur Oberkante Deck an der tiefsten Stelle gemessen. Mit kleinen Krängungswinkeln vermindert hoher Freibord die Stabilität, da ein weit über der Wasseroberfläche liegender Rumpf auch den Gewichtsschwerpunkt nach oben bringt. Mit weiterer größerer Krängung steigt die Stabilität durch mehr Schwimmfähigkeit des Rumpfes jedoch wieder an. Besonders deutlich wird das bei ausladender Spantform, die bei Krängung mehr Volumen ins Wasser bringt.

Deplacement (D)

Mit Deplacement bezeichnet man das Gewicht einer segelfertig ausgerüsteten Yacht. Dieses Gewicht setzt sich zusammen aus dem Eigengewicht, dem Bootskörper mit den fest installierten Ausrüstungsteilen und der Zuladung. Zuladung ist die Summe aus der Anzahl der zulässigen Personen (á 75 kg), den Tankfüllungen, der sicherheitstechnischen Ausrüstung, der Segel, der persönlichen Dinge (max. 30 kg je Crewmitglied) und dem Proviant. Auch Außenbordmotoren und lose Brennstofftanks gehören dazu.

Nach ihrem Deplacement teilt man Boote in schwere, mittelschwere und leichte Boote ein. Ein gängiger Begriff in der Regattaszene ist das Ultralight, das ganz leichte Boot, das mit nur wenig Deplacement.

Verdrängung (V)

Die Verdrängung beschreibt das Volumen der bis zur Schwimmwasserlinie eingetauchten segelfertig ausgerüsteten Yacht. Sie ist der Quotient

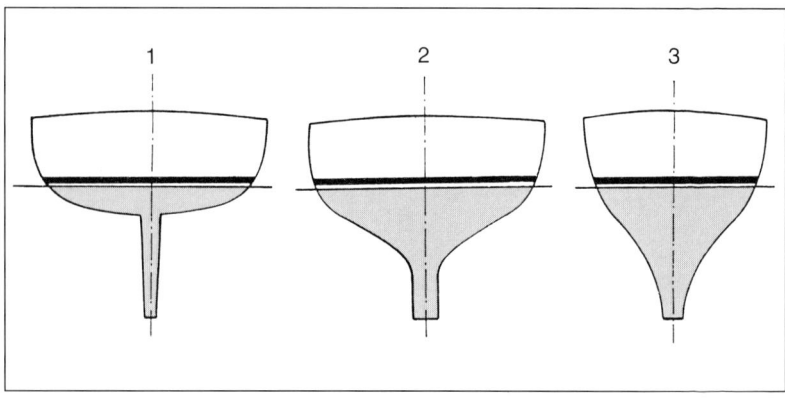

aus Deplacement und der Dichte des verdrängten Wassers (Dichte für Salzwasser = 0,975). Werften geben im Prospekt die Verdrängung an, meinen aber in der Regel das Eigengewicht der Yacht ohne Ausrüstung. Wer sein Boot trailern will, muß beim Kauf darauf achten: leicht ist man an der Grenze des Zuggewichts seines Pkw. Erfahrungsgemäß entsprechen die Angaben ohnehin kaum dem tatsächlichen Gewicht des Bootes, so daß oft genug zum Trailerboot noch ein zugkräftiger Geländewagen angeschafft werden muß.

Ballast (BA)

Mit Ballast bezeichnet man den Teil des Deplacements, der im Kiel als Außenballast oder im Boot als Innenballast zur (Gewichts-)Stabilität beiträgt. In Form von Gußeisen oder Blei schleppt eine Segelyacht ihn mit, um ihre Segel tragen zu können. Für ein Fahrtenboot sollte er zwischen 40 und 50% liegen.

Segelfläche (AS)

Im allgemeinen gibt man bei Vergleichen der Segelflächen die Am-Wind-Besegelung an: beim Topprigg die Summe aus Großsegel und 150%-Genua. Das ist für die schmalen Großsegel und die riesigen Focks eine praxisgerechte Definition. Damit ist auch ein Vergleich von toppgetakelten mit 7/8-geriggten Booten möglich. Man nimmt dann das Groß und die größte Fock ohne Überlappung, die Fock 1 in den meisten Fällen.

◄ *Die Verdrängung einer Yacht ist an ihrem Hauptspant ablesbar: Wenig Verdrängung benötigt nur wenig Volumen im Wasser (1) und läßt flache Linien zu. Hohe Verdrängung ist immer mit mehr Volumen verbunden (2) und (3).*

Kriterien:
Die Eigenschaften einer Yacht

Was jeden zukünftigen Bootseigner interessiert, was er aber den allgemeinen Bootsdaten nicht so ohne weiteres entnehmen kann, ist die Fahrtleistung einer Yacht, etwa das, was sich beim Auto aus der Summe von Motor, Getriebe, Fahrgestell und Lenkung ergibt. Bei einer Yacht spielen ähnliche Faktoren eine Rolle.

Um die Fahrtleistung eines Segelbootes bewerten zu können, sind deshalb Überlegungen nötig, welche Eigenschaften man von seiner Segelyacht überhaupt erwartet. Dann erst kann man Prioritäten setzen nach eigenem Gusto und Dafürhalten und sich entsprechend auf dem Bootsmarkt umsehen. Schnell wird man jedoch erfahren, daß zu differenzieren ist: So geht Schnelligkeit nicht unbedingt mit Wohnlichkeit einher, Steifigkeit nicht mit Seetüchtigkeit und so weiter.

Mit den einzugehenden Kompromissen kommt man automatisch auf einen bestimmten Segelboottyp, etwa auf einen wohnlichen, gutmütig segelnden Motorsegler, auf eine große Höhe fahrende schlanke, aber naßsegelnde Yacht oder auf ein breites Raumwunder für trockenes Segeln und dafür etwas härter in rauhe See einsetzend. Stark geht naturgemäß das zu befahrende Revier ein. Wer meist auf der Ostsee segelt, wird mit einem Leichtbau voll zufrieden sein, der ihn schnell zum nächsten (sonst vollen) Hafen bringt und leicht in eine enge Box zu manövrieren ist. Auf der Nordsee zählen diese Merkmale weniger: Da ist Höhe am Wind gefragt, um schmale Fahrwasser aufzukreuzen und weiches Einsetzen in Kabbelsee. Auf mediterranen Gewässern wiederum sind Schiffe mit viel Segelfläche besser für die langen Flauten im Sommer.

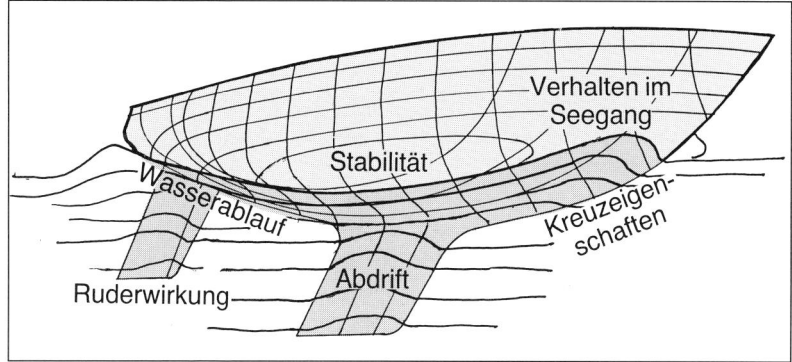

Viele Faktoren sind an den Eigenschaften eines Bootes beteiligt: so ein scharfer tiefeintauchender Steven für gute Kreuzeigenschaften und flache Unterwasserlinien hinten für störungsfreien Wasserablauf am Heck. Eine profilierte Kielflosse erzeugt die zum Segeln nötige Querkraft, ein volles Hauptspant ausreichend Formstabilität. Alle positiven Baumerkmale in einen Rumpf unterzubringen, ist indessen nicht möglich, so daß jede Konstruktion ein Kompromiß bleiben muß mit speziellen Eigenschaften nach Eignerauffassung oder Revier.

Eines indessen jedoch sollte jede Yacht besitzen: die nötige Sicherheit, sich vor Legerwall freikreuzen zu können, wenn auflandiger Wind sie auf die Küste zu treiben droht. Und ihr Stabilitätsumfang sollte so bemessen sein, daß sie sich aus extremer Lage wieder aufrichtet.

Schnelles Segeln

Die Geschwindigkeit einer segelnden Yacht hängt erst einmal vom vorherrschenden Wind ab und von der Segelfläche, die sie gesetzt hat. Hier nun geht es um die konstruktiven Eigenschaften, die der Konstrukteur einer Yacht mitgegeben hat, um sie vergleichsweise schnell zu machen.

Diese geschwindigkeitsbeeinflussenden Faktoren sind vielfältig. Einige, die sich aus den Hauptabmessungen herleiten lassen, und mit denen später weitergerechnet werden kann, gibt bereits der Prospekt preis:

Die *Wasserlinienlänge:* Je länger sie ist, desto höhere Maximalgeschwindigkeit kann eine Yacht laufen, wurde bereits bei der Definition der Rumpfgeschwindigkeit beschrieben.

Die *Verdrängung:* Je geringer die Verdrängung, desto flacher können die Spantformen und damit alle anderen Linien ausgelegt werden, mit umso weniger Wind kommt ein Boot an seine Rumpfgeschwindigkeit heran. Auch das Verhältnis von Verdrängung zur Wasserlinienlänge ist ein Maß für die wellenbildende Länge. Es zeigt zudem, ob ein Boot leicht oder schwer ist.

Die *benetzte Oberfläche*: Sie definiert die Fläche eines Schiffes, die ins Wasser eintaucht, und läßt sich grob aus Länge, Breite und Tiefgang abschätzen. Je geringer sie ist, desto schneller läuft eine Yacht mit wenig Wind. Bei mehr Wind wird der Anteil des Reibungswiderstandes (siehe Seite 12) am Gesamtwiderstand geringer: Es überwiegt jetzt der Wellenwiderstand. Schmale tiefgehende Yachten haben nur wenig benetzte Oberfläche. Sie sind deshalb gute Flautenläufer.

Die beiden nächsten Punkte lassen sich vorerst nicht direkt einem Prospekt entnehmen, man muß sie berechnen, was späteren Kapiteln vorbehalten bleibt. Der Vollständigkeit halber seien sie jedoch schon hier erwähnt. So ist die

Stabilität eine Funktion von Segelfläche, Verdrängung und Breite in der Wasserlinie. Je höher sie ist, desto mehr Segelfläche kann eine Yacht setzen und desto schneller wird sie segeln. Aus der Beziehung von Segelfläche zur Verdrängung ergibt sich so das Segeltragevermögen.

Der *Zylinderkoeffizient* wird dem fortgeschrittenen Leser auf Seite 133 im Anhang erklärt, gehört aber hier erwähnt, weil Bootsverkäufer manchmal mit ihm jonglieren. Der Zylinderkoeffizient also ist ein Maß für die Verteilung des eingetauchten Volumens eines Yacht über ihre Rumpflänge. Je höher dieser Koeffizient, desto mehr Wind benötigt ein Segelboot, um auf Rumpfgeschwindigkeit zu kommen.

SCHNELLES SEGELN

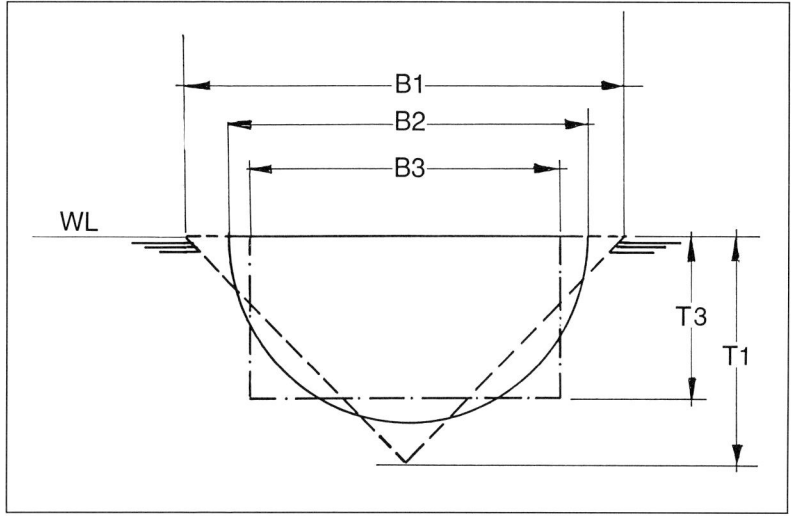

Die benetzte Oberfläche einer Yacht ist schwer abzuschätzen. Einen Anhalt geben die drei gezeigten idealisierten Spantformen. Danach hat der Halbkreis (bei gleicher Verdrängung) die geringste benetzte Fläche, während Dreieck und Rechteck fast 13% mehr Fläche ins Wasser bringen. Daraus folgt: Das U-Spant der meisten Langkieler ist weniger benetzt, als das breite Rechteck eines leichten Flossenkielers. Ein Rechteckspant wartet zudem mit der geringsten Breite (B3) und dem geringsten Tiefgang (T3) auf. Ideal ist das Rundspant mit in beiden Fällen mittleren Maßen. Das Dreieck besitzt den größten Tiefgang (T1).

Wer ein Fahrtenschiff sucht, sollte mehr auf die Wasserlinienlänge und die Stabilität achten und weniger beispielsweise auf einen niedrigen Zylinderkoeffizienten, der eine Yacht nur rank macht. Eine bequeme und wohl auch schwere Inneneinrichtung mit zusätzlichen 50 Kilogramm Verdrängung wiegt für den Segelspaß meist mehr, als diese 50 Kilogramm im Kiel, wo sie für größere Stabilität und damit für mehr Segelfläche stehen.

Das wissen die Werften: So machen sie meist nur das erste Schiff einer Serie schnell (wenig Einrichtung, keine Ausrüstung). Die im Werbeprospekt genannten Gewichte stimmen dann auch nur für dieses Boot. Nur die leere Yacht schwimmt auf der Wasserlinie. Wer dann die Version mit zwei WC, Achterkajüte und vollausgerüsteter Pantry kauft, bekommt ein Boot, das 4 cm tiefer eintaucht und damit schlechter segelt. Man sollte sich deshalb vor sogenannten Cruiser-Racer-Versionen hüten.

Höhe am Wind

Die Höhe am wahren Wind wird definiert als Winkel, den eine Segelyacht gegen die Windrichtung segeln kann. Praktisch ist es der an der Kreuz gemessene Wendewinkel geteilt durch zwei. Nur ein Viertel ihrer Zeit segelt eine Yacht am Wind, besagt die Statistik. Dennoch ist die Höhe am Wind wichtiges Kriterium für die Fahrtleistung einer Yacht, an der Rigg und Segel großen Anteil haben.

In der Regel kann eine Kreuzeryacht nicht höher als 40° an den wahren Wind gehen, was bedeutet, sie muß einen um fast ein Drittel längeren Weg segeln als ein Motorboot, das genau gegenan fährt. Auf offener See mag die gelaufene Höhe am Wind wenig relevant sein. Hier zählt mehr eine Yacht mit geschrickten Schoten „voll und bei" laufen zu lassen. Beim Aufkreuzen schmaler Fahrwasser und Flüsse indessen ist man froh über jeden Meter mehr, den man mit einem guten Schiff anliegen kann. Die zu erwartende Höhe hängt zwar stark von den Tragflügeleigenschaften eines Rumpfes ab, ist aber ein Zusammenwirken von Rumpf und Segel.

Je schmaler ein Boot, so heißt es, desto höher kann es an den Wind gehen. Diese Meinung rührt von den relativ schweren Langkielern her, die viel Lateral-, also Seitenfläche im Wasser haben und damit weniger Abdrift zeigen als ein völliger Rumpf. In Anlehnung an einen Tragflügel spricht man auch von Lateralauftrieb. Guter Lateralauftrieb, mithin gute Seitenkraft, bedeutet kleiner Gleitwinkel, eben weniger Abdrift.

Dennoch gibt es breite völlige Rümpfe, die ebenso hoch oder gar höher an den Wind gehen – sofern sie aufmerksam und aufrecht gesegelt werden. Diese Rümpfe holen ihren Lateralauftrieb aus einer profilierten Kielflosse – hier gibt es genormte sogenannte NACA-Profile, die Schleppversuchen entstammen und sich besonders gut für Yachtkiele eignen – und ebensolcher Ruderflosse. Für diese Flossen, oder wenn man so will Tragflügel, gilt, je höher ihr Seitenverhältnis ist, das heißt, je länger und schmaler der Tragflügel bei gleicher Fläche und damit je größer der Tiefgang, desto kleiner ist ihr Gleitwinkel. Eine gut gesegelte Yacht geht damit bis zu 34° an den Wind. Diese gesegelten Höhen am Wind bedingen dann aber eine saubere Umströmung der Kielflosse durch einen ausgeprägten Übergang zum Rumpf (flacher Boden) und eine oft wulstartige Unterkante des Kiels – oder gar einen Flügelkiel – als sogenannte Endplatte. Der Endplatteneffekt nämlich verhindert eine Abströmung der Stromfäden an seinem Ende. Diese Boote sind indessen schwieriger zu segeln, verzeihen keine Fehler und sind in der Regel wenig kursstabil. Die Strömung an schmalen Flossen nämlich reißt sehr viel eher ab, das Finden der richtigen Anstellung ist mithin schwieriger. So läuft ein Boot mit schmalem Flossenkiel große Höhe nur bei ausreichender Fahrt, bei weniger Wind wird es nötig, immer mehr Raum zu geben, um nicht hoffnungslos abzudriften.

Was eine gute Geschwindigkeit zusammen mit einem guten Lateralplan für gute Höhe, also für den optimalen Kurs am Wind bedeutet, mag das folgende Beispiel zeigen, man bedenke es vor dem Kauf seiner Yacht: Der Rudergänger einer Yacht hat keinen Grund, dem Steuermann einer Jolle gegenüber zu frohlocken, weil sein Boot 35° am Wind segelt, die Jolle aber nur 45°. Wohl braucht er nur einen 22% längeren Weg als den direkten gegen den Wind zu segeln, während die Jolle 41% mehr Weg machen muß, dennoch erreicht die Jolle aufgrund höherer Geschwindigkeit eher das Ziel: Sie fährt die höhere Zielgeschwindigkeit nach Luv.

Höhe am Wind und Geschwindigkeit stehen damit in einem nicht zu trennenden Verhältnis zueinander. Für die Fahrtleistung einer am Wind segelnden Yacht ist deshalb die Zielgeschwindigkeit nach Luv relevant,

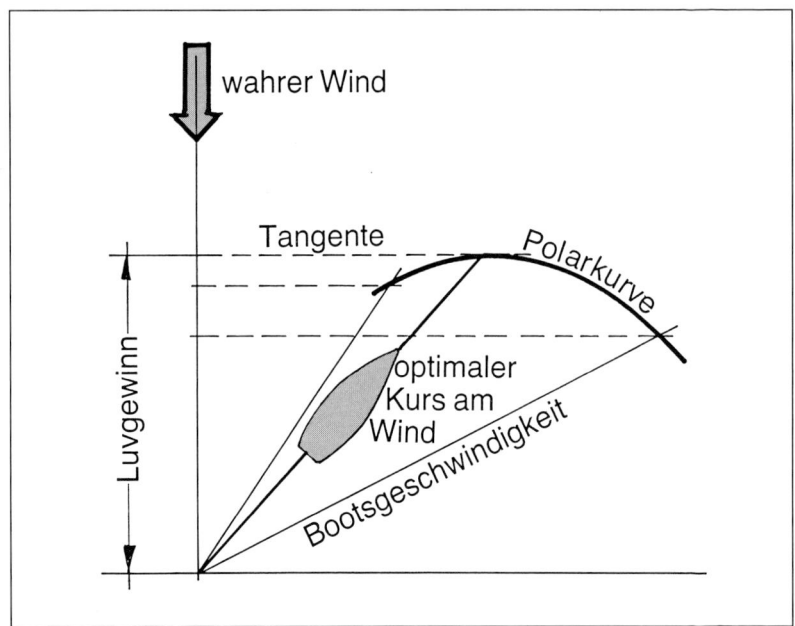

Die Höhe am Wind, die eine Yacht segeln kann, ist Kriterium für ihre Fahrtleistung. Wichtiger noch wird das Verhältnis von Bootsgeschwindigkeit zur gesegelten Höhe: der sogenannte Luvgewinn, die Wegstrecke, die eine Segelyacht gegen den Wind gutmacht. Die Tangente an der Polarkurve (Apfeldiagramm) auf die Windachse projiziert, ergibt den optimalen Weg nach Luv.

allgemein mit v_{Luv} bezeichnet, die für jede Windgeschwindigkeit so hoch wie möglich sein soll. Sie ist das Produkt aus Fahrtgeschwindigkeit und dem Kosinus des Kurswinkels. Der obere Teil des Polardiagramms (Apfeldiagramm) macht die Verhältnisse von Geschwindigkeit und Kurswinkel deutlich. Danach lohnt es sich nicht, nach einem Boot zu trachten, das so hoch wie möglich an den Wind geht. Gefragt ist der optimale Kurs mit der besseren Zielgeschwindigkeit nach Luv. Für eine Fahrtenyacht kann deshalb auch nicht der extrem schmale und tiefe Flossenkiel das Maß aller Dinge sein; auch gemäßigte Kurzkieler mit dazu weniger Tiefgang oder gar Langkieler erreichen gute Zielgeschwindigkeiten – und können obendrein auch noch flachere Häfen anlaufen.

Manövrierfähigkeit und Kursstabilität

Die gute Manövrierfähigkeit einer Yacht steht nach Meinung vieler Segler in diametralem Verhältnis zu ihrer Kursstabilität: Ein schnell und direkt auf das Ruder reagierendes Boot, und das ist nun mal das mit einem schmalen Kiel, kann man nicht einen Moment sich selbst überlassen. Das geht mit einem Langkieler, liegt beim schmalen Kiel aber in der Regel an einer Konstruktion, die zum Fahrtensegeln nicht geeignet ist. Man findet heute Fahrtenyachten, die gute Kursstabilität zeigen und dennoch keine Langkieler sind: in der Regel Yachten mit gemäßigten Kurzkielen, deren Linien, würde man sie weiterführen, an einen Langkieler erinnern, dem man im achteren Bereich ein Stück Kiel herausgeschnitten hat. Nicht umsonst spricht man in diesem Zusammenhang von einem unterbrochenen Lateralplan. Eine moderne Yacht mit solch einem flossenähnlichen Kiel, weit weniger extrem als der einer Regattayacht, dazu mit einer Vorflosse vor dem Ruder, kann ausgesprochen kursstabil sein und dennoch manövrierfähig.

Der lange durchgehende Lateralplan eines Langkielers liegt in der Tat durch größere Trägheit weniger nervös auf dem Ruder. Er ist aber mehr für Ozeanreisen interessant. Für enge Häfen und Marinas braucht man ein besser zu manövrierendes Boot.

Ein langer Kiel für sich betrachtet bringt viel benetzte Oberfläche ins Wasser, mit hohem Reibungswiderstand und damit verbundenem Bremseffekt, der sich besonders bei wenig Wind zeigt. (Schmale Langkieler mit S-Spant gleichen ihn oft jedoch durch geringere benetzte Gesamtoberfläche aus). Yachtkonstrukteure haben die Länge des Kiels deshalb verkürzt, was zum sogenannten unterbrochenen oder geteilten Lateralplan führte, an dessen konsequenter Weiterverkürzung die Kielflosse mit gro-

1

2

Der lange Lateralplan (1), hier einer 14-m-Yawl, gilt immer noch als Garant für gute Kursstetigkeit. Die Manövrierfähigkeit eines solchen Bootes läßt jedoch zu wünschen übrig, zumal das Ruder direkt an der Hinterkante Kiel ansetzt. Der gemäßigte Kurzkieler (2) mit einer Flosse vor dem Ruder kann als guter Kompromiß gelten. Hier gibt es noch den fließenden Übergang vom Rumpf zum Kiel (S-Spant). Mit leichter werdender Bauweise wird der Rumpf flacher (3), ist der Kiel nicht mehr integriertes Rumpfteil. Es kommt die separate Kielflosse; das Ruder rutscht weiter nach hinten. Mit (4) ist ein von Fahrtenseglern kaum noch zu akzeptierendes

3

4

Unterwasserschiff erreicht: Das Ruder sitzt nicht mehr hinter einer Vorflosse oder einer aus dem Rumpf geformten sogenannten Verdrängungshacke, an (2) deutlich zu erkennen, es hängt freischwebend an seinem Ruderschaft. Kielflosse und Ruder gehören nicht eigentlich mehr zum Rumpf wie auf (1). Man bezeichnet sie jetzt als Anhänge. Die Rümpfe solcher Boote nähern sich damit immer mehr denen von Jollen. Ebenso verhält es sich mit ihren Segeleigenschaften: Sie liegen nervöser auf dem Ruder.

ßem Seitenverhältnis (Tiefgang/Kiellänge) steht: die schmale Kielflosse mit großem Tiefgang.

Soll ein solcher Kiel einen vorgesehenen Kurs einhalten, also gute Kursstabilität zeigen, muß allerdings eine gute Kiel-Ruder-Abstimmung vorhanden sein, das heißt, auch bei unterschiedlichen Krängungswinkeln müssen Lateraldruckpunkt und Ruderdruckpunkt den Segeldruckpunkt ausgleichen, sich die Waage halten, was man einem Boot auf den ersten Blick aber nicht ansieht. Mittelbreite Kiele sind für Fahrtenkreuzer deshalb angebrachter. Sie verzeihen eher die Fehler des Konstrukteurs – und später auch die des Seglers.

Ein schmaler Kiel wirkt nicht mehr durch seine Fläche, sondern erhält durch sein Profil die nötige Seitenkraft im Wasser. Mithin benötigt er Vorausgeschwindigkeit. Eine schmale Flosse muß zudem entsprechend dünn sein, was man aus Festigkeitsgründen und weil der Kiel den nötigen Ballast aufnehmen muß, nicht beliebig weit treiben kann. Für Fahrtenyachten ohne Crew auf der hohen Kante sind extrem schmale Kielflossen deshalb wenig geeignet. Ihr Vorteil liegt in sehr guten Manövriereigenschaften, allerdings mit nervösen Steuereigenschaften, die es nicht erlauben, das Ruder aus der Hand zu lassen. Erst eine Flosse vor dem Ruder mit halb so viel Seitenfläche wie das Ruderblatt selbst und ein schlankes tiefgehendes Vorschiff geben einem Kurzkieler die gutmütigen Eigenschaften wieder.

Der Langkieler bezieht seine Seitenkraft (Auftrieb) fast ausschließlich aus der vorderen Hälfte seines Lateralplans. Dahinter wird sie so klein, daß man sie vernachlässigen kann. Das hat ja die Konstrukteure bewogen, diesen Teil einfach wegzuschneiden, zur Verminderung der benetzten Oberfläche.

Kurzkieler nun bringen zwar Manövrierfähigkeit und Kursstabilität unter einen Hut, wenn sie richtig konstruiert wurden, aber besonders flachgehende zeigen andere Nachteile: An der Kreuz, wenn beim Überstaggehen nur wenig Fahrt im Schiff ist, wird der Auftrieb der Flosse sehr klein (er hängt vom Quadrat der Geschwindigkeit ab). Das Boot driftet, wenn man es – und damit die Flosse – nicht mit genügend großem Anstellwinkel fährt. Oft genug sieht man solche Yachten im Hafen quertreiben. Sie

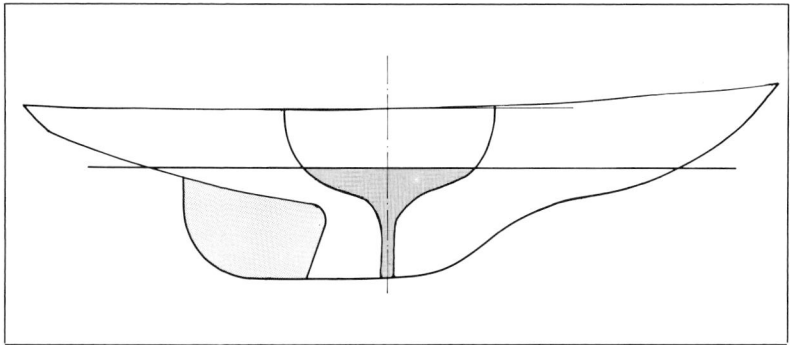

Mit Verkürzen des Lateralplans, was letztlich zum Flossenkieler führte, wurden Yachten schneller durch Verringerung der benetzten Oberfläche. Für den Lateralauftrieb ist ohnehin nur das erste Drittel des Lateralplans zuständig, so daß der hintere Teil ohne weiteres weggeschnitten werden kann. Das Seitenverhältnis, Tiefe zur Breite, eines Kiels wird größer, der Auftrieb nicht schlechter.

brauchen Geschwindigkeit. Man schwächt dieses Dilemma mit tiefer gehenden Kielen ab, weil die Auftriebsstärke auch mit dem Quadrat des Tiefgangs steigt.

Dem entgegen aber stehen die Wünsche von Fahrtenseglern, die gern jeden Hafen anlaufen wollen: Mehr als 1,6 Meter kann man deshalb für eine Kreuzeryacht kaum zulassen. Beim Trockenfallen kippen extreme Kurzkieler zudem auf die Nase, und harte Grundberührungen überstehen sie wegen ihres langen Hebels unter Wasser auch schlechter.

Es bleibt die Forderung für eine Fahrtenyacht nach guter Manövrierfähigkeit, wie die Kurzkieler sie bieten, und gleichzeitiger Kursstabilität, so daß das Optimum zwischen den Extremen Kurz- und Langkieler liegt.

Steifigkeit

Ein steifes Boot ist gleichzeitig auch ein Boot mit guter Stabilität, dennoch soll die Steifigkeit hier anders definiert werden. Ein steifes Boot legt sich in einer Bö nicht so schnell weg, und ein steifes Boot krängt kaum, wenn man sein Seitendeck betritt: beides Faktoren, die man im ersten Moment als positiv empfindet, geben sie doch ein Gefühl der Sicherheit. Aber man muß sich fragen, ob ein rankeres Boot, das Gegenteil von steif, nicht mit besseren Seeigenschaften aufwartet.

Der Stabilitätsumfang eines Bootes setzt sich – wie bereits gesagt – aus der Formstabilität und der Gewichtsstabilität zusammen, als Auslegung der Krängungswinkel bis zum Kenterpunkt. Bei der Steifigkeit geht es in erster Linie um die Anfangs- und damit um die Formstabilität, denn der Ballast beginnt ja erst bei Krängung mit ausreichendem Hebelarm zu wirken. Bei Krängungswinkeln bis zu 30° bestimmt die Formstabilität die Steifigkeit eines Bootes und zwar um so mehr, je breiter das Boot und damit um so höher das Metazentrum M über der Wasseroberfläche liegt.

Als eigentlicher Formfaktor spielt die Spantform eine Rolle. Hier gilt, je stärker die Spanten ausladen, je mehr zusätzliches Volumen der Bootskörper dadurch ins Wasser bringt, desto steifer ist ein Boot. Diese gefühlsmäßig als positiv eingestufte Eigenschaft führt im Seegang zu unangenehmem Verhalten: Ruckartige Bewegungen und Schlagen und damit starke Beanspruchung von Rumpf und Mannschaft sind eine Folge zu großer Steifigkeit.

Schlanke Boote mit hohem Ballastanteil krängen zwar schneller, ihre tiefen Rümpfe mit überwiegend Gewichtsstabilität reagieren aber träger im Seegang. Sie sind deshalb angenehmer für die Crew, besonders auf langen Törns.

Trockenes Segeln

Zum Komfort einer Fahrtenyacht gehört, daß sie trocken segelt und nicht mit jeder Welle Wasser übernimmt. Ob sie naß segelt, hängt von ihrer Stabilität und ausreichendem Reserveauftrieb vorn und achtern ab. Yachten geringer Breite und geringer Formstabilität segeln meist mit großer Krängung und dementsprechend naß. Das gleiche gilt für Boote mit kleinem Segeltragvermögen. An ihren Enden zu scharfe Yachten,

TROCKENES SEGELN

Yachten mit zu wenig Auftrieb im Vorschiffsbereich (zu scharfes V) neigen zum Unterschneiden, wie auf diesem Bild. Nasses Segeln ist die Folge. Bei solchen Booten ist es angeraten, das Vorsegel immer eine Nummer zu klein zu fahren.

deren Rümpfe vorn ein spitzes V- und achtern ein tiefes U-Spant aufweisen, nehmen Wasser aufgrund zu geringen Auftriebs über.

Ein Boot mit zu scharfem V im Vorstevenbereich zeigt gar Neigung zu unterschneiden, besonders beim Tragen einer großen Genua. Dennoch gilt auch der Satz: Schnelle Schiffe sind naß, langsame sind trocken. Eine schlanke naßsegelnde Yacht wird bei mehr Wind viel eher die Segel verkleinern, weil sie schnell ihre Höchstgeschwindigkeit erreicht hat – und dann trockener weitersegeln. Eine breite Yacht dagegen mit viel Auftrieb im Achterschiff wird mit zunehmendem Wind schneller und dadurch nasser segeln. Aber hier kommt das höhere Freibord moderner Yachten zum Tragen, das dann weniger Wasser an Deck kommen läßt.

Seetüchtigkeit

Ein gutes Boot, das erwartet man als Bootskäufer, muß auf See sicher sein, also seetüchtig. Doch was heißt Seetüchtigkeit? Eine dauerhafte und wasserdichte Konstruktion mit starkem Rigg, die extremen Wetter- und Wellenverhältnissen widersteht, ist seetüchtig. Aber auch angenehmes Bewegungsverhalten muß man dazuzählen, keine harten und unkontrollierbaren Bewegungen, wenig Beschleunigungen im Seegang. Ebenso gehört ein ausreichendes Raumangebot dazu, für jedes Mitglied der Freiwache eine Koje, für jedes der Wache ein Sitzplatz in der Plicht und mindestens ebenso viele Sitzgelegenheiten im Salon. Mit einem Minimum an Wohnlichkeit muß sie ohne Beeinträchtigung ihrer Leistungsfähigkeit in der Lage bleiben, ein Boot sicher zu segeln. Zur Seetüchtigkeit zählen aber auch Entwurfsmerkmale, die das Verhalten eines Bootes im Seegang bestimmen. Von der See ausgehende Gefahren übersteht eine Yacht, die einen Sturm abwettern und sich von einer Leeküste freisegeln kann. Also ==liegt es erst einmal an der Linienführung einer Yacht, welche die eine seetüchtiger macht als die andere.== Es ist auf jeden Fall nicht ihre Fahrtleistung (Geschwindigkeit), eher schon ihre höhere Verdrängung und damit bessere Behauptung im Seegang und ihre Stabilität, die einem Kentern vorbeugt.

Yachten, denen absolute Seetüchtigkeit nachgesagt wird, Colin-Archer-Typen etwa, jenen Seglern, die auch als Rettungsboote eingesetzt wurden, oder Lotsenschonern, die bei jedem Wetter gesegelt werden konnten, fallen durch die Ausgewogenheit ihrer Rumpflinien auf. ==Ausgewogen meint hier, nach achtern und vorn gleichmäßig auslaufend, mit der größten Breite in der Mitte.== Das Auge empfindet solche Linienführung auf Anhieb als schön. Ohne Extreme, Rumpfbeulen, abgeschnittene Hecks und so weiter, wie sie die Rennformeln hervorgebracht haben, stellen sie den bestmöglichen Kompromiß einer Rumpfform dar, ohne die unangenehme Neigung, bei Krängung anzuluven oder abzufallen, oder den Bug tief ins Wasser zu graben und anschließend in die Luft zu recken, wenn eine Welle unter dem Vorschiff hindurchläuft. Dazu hält

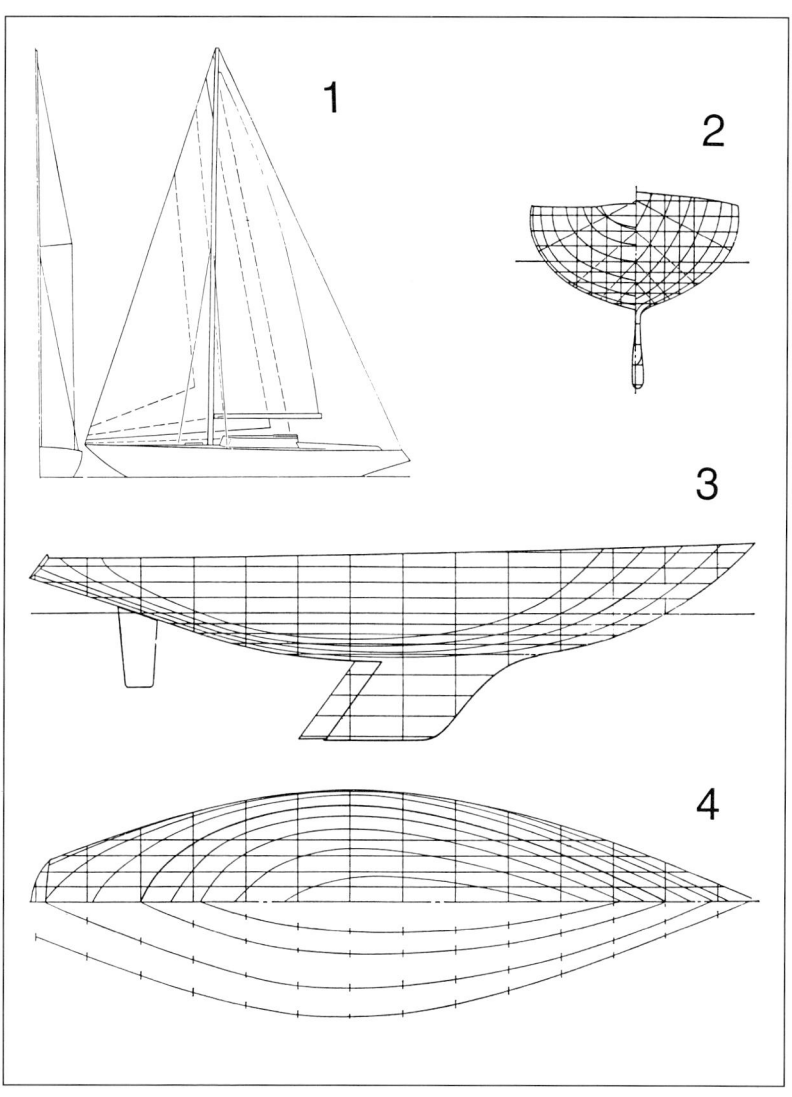

Linienriß des Eintonners „Tina", der 1966 den Eintonnerpokal gewann. Seine Linien bestechen durch harmonische Einfachheit. Die „Tina" segelte besonders angenehm, lag ruhig auch in rauher See und setzte weich ein. (1) zeigt ihren Segelplan, (2) die Spanten, (3) die Längsschnitte, (4) die Wasserlinien.

eine ausgewogene Yacht besser Kurs als etwa eine, deren größte Breite weit achtern liegt, und sie zeigt auch bei Krängung wenig Ruderdruck – alles Dinge, die man sich von einer Yacht wünscht. Dagegen stehen extreme Konstruktionen, für Regatten entworfen, mit Rumpfformen zur Erhöhung der Segeltragfähigkeit und allen anderen Merkmalen, um lediglich die Fahrtleistung zu erhöhen. Diese Boote sind schwer zu kontrollieren und deshalb seeuntüchtig.

Ausgewogene Linien erkennt man mit etwas Übung: Als Yachten noch mit Holz aufgeplankt wurden, ergaben sich diese Linien von selbst. Holzplanken biegen sich in Kurven ohne Berge und Täler. Holz strakt, sagen die Bootsbauer. Man empfindet diese strakenden Kurven als angenehm, wenn man so will als ebenmäßig, harmonisch. Der Verlauf des Wassers erfolgt ebenso harmonisch, so daß es an einem strakenden Yachtrumpf ruhig und ohne Verwirbelungen entlangfließen kann. Ein schöner und damit ausgewogener Yachtrumpf segelt somit auch gut. Die Schönheit eines Rumpfes zu erkennen, ist gleichsam Teil seiner Beurteilung. Erst als der Computer die Straklatte vom Zeichentisch des Konstrukteurs verdrängt hatte, und er damit Beulen im Rumpf und Einschnürungen, scheinbar unmotivierte Täler, im Heckbereich produzieren konnte, zu dem Zweck ein besseres Rating – einen besseren Rennwert während Wettfahrten – zu erreichen, bekamen auch Fahrtenyachten extreme Linien, oft mit einer eklatanten Vernachlässigung des Wellensystems, indem sie schwimmen sollten. Wie gesagt, der Straklatte aus Holz folgen die Stromfäden des Wassers. Solche Rumpflinien, und damit ist die Form dieser Schiffe gemeint, sind auch besonders seetüchtig.

Seefreundlichkeit

Wind und Wellen gehen oft wenig freundlich mit einem Boot um, sie beschleunigen es, bremsen es wieder ab und lassen es auf dem Wasser tanzen. Das in rauher See umso mehr, je kleiner ein Boot ist. Nun kann man nicht jedes Boot unendlich groß bauen, dem entgegen stehen Handlichkeit und sicher auch die finanziellen Möglichkeiten seines Eigners. Aber es gibt Konstruktionsmerkmale, wie nicht zu geringe Verdrängung, ausgewogene Stabilität, nicht zu flache Spantform, die auch eine kleine Yacht befähigen, den unangenehmen Bewegungen entgegenzuwirken, oder sie zumindest nicht noch zu verstärken.

Die Hauptbewegungen eines Bootes im Seegang sind Stampfen, Rollen und Gieren, die sich der Fahrt voraus überlagern. Beim Rollen bewegt sich ein Boot um seine Längsachse rhythmisch von der einen zur anderen Seite. Dieser Bewegung wirkt ein schweres Boot mit großer Lateralfläche entgegen. Das Rollen geht oft einher mit Tauchbewegungen, die den Rollwinkel erhöhen. Sie kann der Konstrukteur durch eine Spantform mit mehr seitlichem Auftrieb dämpfen.

Ein stampfendes Boot bewegt sich rhythmisch um seine Querachse, um so mehr, je besser es in ein das Stampfen erzeugendes Wellensystem paßt. Eine gute Konstruktion begegnet dem Stampfen mit der Konzentration aller großen Massen im Schwerpunkt und durch schärfere sanft einsetzende Spantform im Vorschiffsbereich.

Gieren ist die rhythmische Drehbewegung eines Bootes um eine senkrechte Achse, wenn man so will, um seinen Mast. Eine Folge des Gierens ist ein Querschlagen des Bootes. Gute Kursstabilität dämpft die Gierbewegungen, wozu eine gute Abstimmung von Kiel und Ruder nötig wird. Langkieler neigen weniger zum Gieren. Kurzkieler sollten auch deswegen eine Rudervorflosse haben. Auf diese Baumerkmale also gilt es zu achten beim Kauf eines Fahrtenbootes.

Von einem Fahrtenschiff nämlich muß man erwarten, daß es diese drei wichtigsten Bewegungen im Seegang mit geringstmöglichen Beschleunigungen absolviert. Die Bewegung als solche ist meist weniger unangenehm; es sind die abrupten Beschleunigungen, die eine Yacht so wenig seefreundlich machen. Sind diese Bewegungen nicht zu ertragen, dann ist die Crew eines solchen Bootes nicht in der Lage, es sicher zu segeln, geschweige denn Spaß am Segeln zu haben. Die heute üblichen schalenförmigen und flachgehenden sogenannten modernen Yachten sind meist auch der Gewalt der See preisgegeben, weil sie auf der Wasseroberfläche umherspringen.

KRITERIEN: DIE EIGENSCHAFTEN EINER YACHT

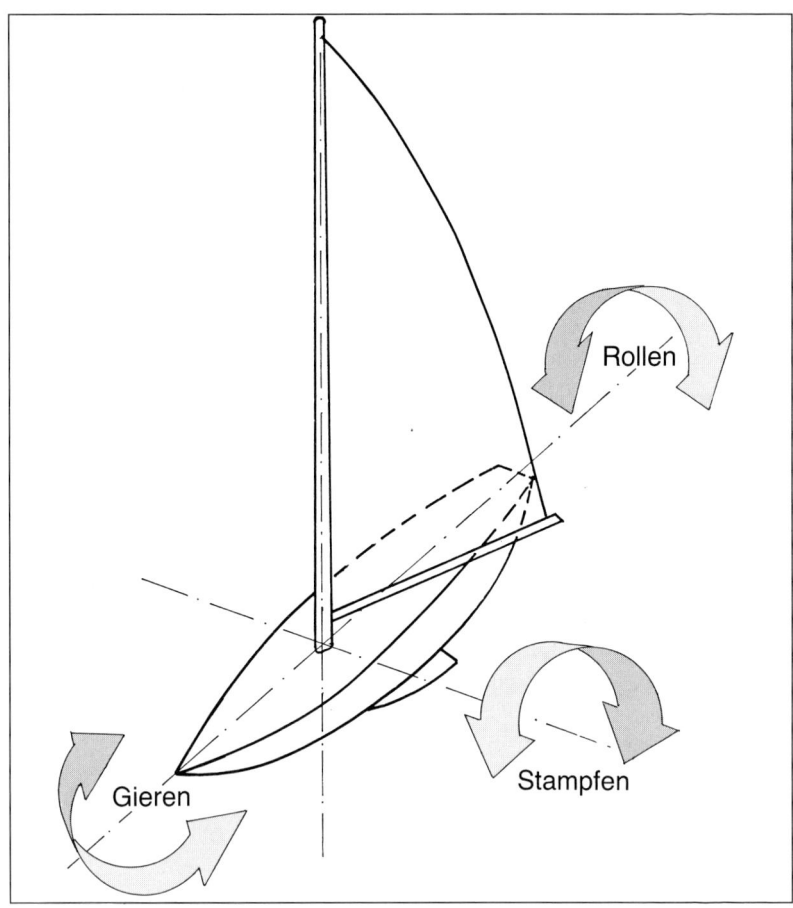

Die drei Hauptbewegungen einer Yacht im Seegang sind: Rollen, Stampfen und Gieren. Seefreundlich ist ein Boot, das in der Lage ist, diese Bewegungen zu dämpfen. So wirkt ein über alle Krängungswinkel gleichmäßig verteiltes aufrichtendes Moment dem Rollen entgegen, die Konzentrierung aller (großen) Gewichte im Verdrängungsschwerpunkt verbunden mit einer guten Auftriebsverteilung achtern und vorn dem Stampfen und eine gute Kiel-Ruder-Abstimmung dem Gieren.

Tauchten die Rümpfe früherer Yachten zu etwa zwei Drittel ein, so ist das heute bei den Cruiser-Racern eher umgekehrt. Zwar sind diese Boote schneller geworden, ihre Roll- und Stampfbewegungen aber sind so kurz und ungedämpft, daß oft unerträglich große Beschleunigungen auftreten. Seekrankheit ist damit schon bei leichtem Wetter angesagt. Die beste Fahrtenyacht ist jedenfalls die mit den sanftesten Bewegungen, die nur harmonisch abgestimmte Rumpflinien bringen können.

Wohnlichkeit

Sich an Bord einer Yacht wohlzufühlen, mit einem Minimum an Wohnkomfort, gehört zur Sicherheit einer Yacht, denn nur eine ausgeruhte Mannschaft kann ein Schiff über längere Zeit sicher führen. Im Gegensatz zu Regattayachten sind Fahrtenyachten in der Regel mit Teak oder Mahagoni ausgebaut. Aber was man vorfindet, ist oft genug nur für den Hafen geeignet, für die Tage auf See dagegen nicht. So gibt es Doppelkojen, die bei Krängung nicht benutzt werden können, Pantrys, die wegen schlechter Aufhängung des Kochers auf See ausfallen und Sitzgelegenheiten unter Deck, auf denen die Mannschaftsmitglieder schon im Hafen wie die Hühner auf der Stange sitzen müssen.

Vielfach leiden auch noch die Fahreigenschaften einer Yacht unter einem zu schweren Ausbau. So sind zwei WC selten nötig, kann man an Deck duschen, und übergroße Kühlbox, Generator und anderen an Land gewohnten Komfort braucht man auch nicht unbedingt. Die Einrichtung einer Yacht soll hier denn auch nur soweit Eingang finden, wie sie deren Eigenschaften beeinflußt.

Die ideale Einrichtung ist für Reisen funktionell und für die Hafentage wohnlich. Beim Kauf einer Yacht sollte man die Einrichtung seinen persönlichen Bedürfnissen anpassen. Das hängt vom Bootstyp ab, aber auch bei Serienbooten sind in Grenzen entsprechende Änderungen möglich. Segelanfänger mögen der Meinung sein, Einrichtungen würden von Seeleuten geplant. Das ist selten der Fall. Allzu gern fällt Funktionalität der Anzahl von Kojen zum Opfer, verzichten Bootsfabriken auf eine Bilge zugunsten ausreichender Stehhöhe unter Deck. Kojenzahl und Stehhöhe aber sollten schon gar kein Argument sein für eine Einrichtung. Mit der Beschränkung auf nur so viele Kojen wie nötig beispielsweise, ist eine vernünftige Einrichtung so konzipiert, daß die Bereiche, wo man Stehhöhe braucht, Pantry, WC, Durchgänge, dort angeordnet sind, wo große Höhe ohnehin vorhanden ist: neben dem Niedergang. Andere Konzepte erreichen sie durch mehr Balkenbucht, rundere Decks, oder ein Backdeck. Über Kojen und Sofas reicht Sitzhöhe. Durch die geringere Rumpftiefe moderner Leichtbauten sind die Freibordhöhen größer geworden; für größere Boote kein Nachteil, denn mehr Freibord erhöht den Stabilitätsumfang. Stehhöhe dadurch aber auch auf Sechs-Meter-Booten zu schaffen und diese dann als Seekreuzer zu verkaufen, ist ein Unding, zumal diese Bötchen nie mit ihrer Stabilität klarkommen: selten kentersicher sind. Käufer von Mini-Kreuzern sollten in dieser Hinsicht besonders skeptisch sein.

Aber auch auf größeren Booten nimmt der Innenausbau Einfluß auf ihre Eigenschaften. So ist es immer schlecht, wenn zuviel schwere Massivholzeinrichtung eingebaut wurde. Sie bringt nur unnütz den Gewichtsschwerpunkt nach oben. Mit besonderer Vorsicht sollte man den Ausbau der Rumpfenden betrachten: Schwere Kojen im Vorschiff und die heute üblichen Doppelkojen im Heck verursachen unnötige Stampfbewegungen des Schiffes auf See. Auch für Fahrtenyachten gilt: alle Gewichte möglichst in die Mitte, in den Verdrängungsschwerpunkt.

Doppelkojen kann man auf den Messen immer mehr bewundern: Sie mögen für die Hafentage recht bequem sein, auf See aber werden schmale Kojen benötigt, in denen man sich festkeilen kann. Eine Doppelkoje sollte man allenfalls im Vorschiff zulassen. Dann als leichte Rohrkoje. Hier kann man auf See ohnehin nicht schlafen, wegen lauter Geräusche und unangenehmer Bewegungen. Alle anderen Kojen sollten Einzelkojen sein, die nicht erst umzubauen sind, mit Tischabsenken und so weiter.

Lotsenkojen an den Seiten und Hundekojen, aus denen man allerdings schnell aussteigen können muß, sind für Segelyachten am besten geeig-

WOHNLICHKEIT

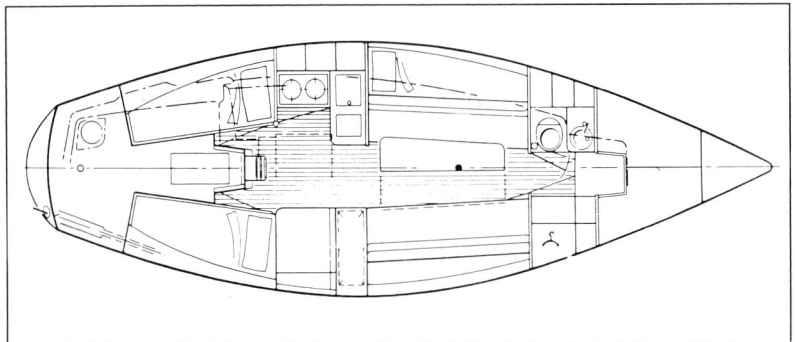

Dieses Einrichtungskonzept hat sich auf Seeyachten bewährt und wird von wirklichen Fahrtenseglern bevorzugt. Es verzichtet auf Doppelkojen und Dinette. So gibt es unter den Plichtduchten zwei Hundekojen, zwei weitere Kojen im Salon an Backbord und Steuerbord und das übliche Kojendreieck vorn. Die wichtigen Bereiche Navigation und Pantry sind da eingebaut, wo größte Stehhöhe vorhanden ist. Das bedingt, daß die Toilette zwischen Salon und Vorschiff vorgesehen werden mußte. Sie wünschte man sich ebenfalls im Bereich des Niedergangs.

net. Querkojen sind völlig unseemännisch, weil im höchsten Grade unpraktikabel: Bei Lage des Bootes steht der Schläfer entweder auf dem Kopf oder, was vielleicht noch angehen kann, auf seinen Füßen. Und lassen sich Doppelkojen nicht vermeiden, müssen die Schläfer durch Kojensegel getrennt werden. Auch wenn man nicht vorhat, gleich Sturmfahrten mit seinem Boot zu unternehmen, so sollte es dennoch nicht wie eine Gartenlaube eingerichtet sein. Ob einem eine Einrichtung persönlich zusagt, kann man denn oft erst nach einem Urlaubstörn beurteilen; ob sie von Seglern konzipiert wurde, läßt sich meist schon an wenigen Details erkennen, etwa an Handläufen und Schlingerleisten – und eben an seefähigen Kojen.

Ihren Beitrag zu guten Segeleigenschaften liefert eine Einrichtung, die wenig Gewicht ins Schiff bringt und dieses noch um den Verdrängungsschwerpunkt herum.

Sicherheit

Bei der Frage nach der Sicherheit einer Yacht geht es immer darum, wie weit sie kentersicher und womöglich auch sinksicher ist. Die Kentersicherheit hat mit der Stabilität zu tun, der Querstabilität einer Yacht, die dem Rollen entgegenwirkt und ein Kentern verhindert. Um eine Verdrängeryacht unsinkbar zu machen, ist dagegen Auftrieb nötig, der eine vollgelaufene Yacht immer noch über Wasser hält. Vielfach wird solcher Auftrieb im Yachtzubehör in Form von Luftsäcken angeboten, die sich bei Wassereinbruch automatisch aufblasen. Festen Auftrieb bieten nur wenige Werften an. Am bekanntesten ist eine belgische Bootsfabrik, die alle überflüssigen Hohlräume ihrer Yachten ausschäumt und damit unsinkbar macht. In der Regel aber nehmen Yachtwerften und Bootshersteller in Kauf, daß ihre Erzeugnisse sinken können. Sie vertrauen der Wasserdichtheit ihrer Rumpfschalen, auch bei Kollision mit einem treibenden Baumstamm beispielsweise.

Bei Sicherheit wird denn meist auch nur an das Nichtkentern, besser das Nichtdurchkentern einer Yacht gedacht. Da dieses Merkmal einhergeht mit der Stabilität, beeinflußt das Nichtdurchkentern die Eigenschaften eines Bootes. Wie schnell nämlich eine gekenterte Yacht sich wieder aufrichtet, hängt von der Lage ihres Gewichtsschwerpunktes ab. Der Ballastanteil spielt dabei ebenfalls eine wichtige Rolle.

Als Grundlage der Yachtquerstabilität definiert man den sogenannten aufrichtenden Hebelarm, die Strecke GZ (siehe „Stabilität" Seite 17), der für jeden Krängungswinkel von der Lage des Gewichtsschwerpunktes G und des Auftriebsschwerpunktes Z bestimmt wird. Er ist Maß für die sogenannte Glattwasserstabilität. Man stellt sie als Hebelarmkurve dar: Über den Krängungswinkel aufgetragen, zeigt sie letztlich die Größe der aufrichtenden Momente.

Hebelarmkurven: Schmale Boote krängen eher, besitzen aber letztlich den größeren Stabilitätsvorrat (sichere Zone). Über die Krängungswinkel ist hier der aufrichtende Hebelarm aufgetragen. Für das breite Boot (mit höher liegendem Gewichtsschwerpunkt) beginnt eine sogenannte negative Stabilität bereits knapp über 90°. Nach diesem Winkel richtet sich ein solches Boot nicht mehr selbst auf.

Hebelarm GZ
größter
Hebelarm
sichere Zone
φ°
0°
90°
Krängungs-
winkel φ
180°

Hebelarm GZ
größter
Hebelarm
sichere
Zone
φ°
0°
Krängungs-
winkel φ
90°
180°
gefährliche
Zone

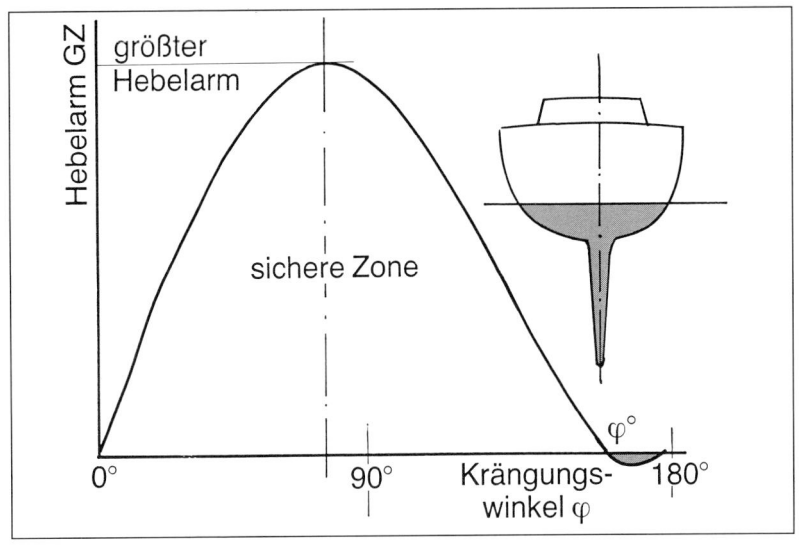

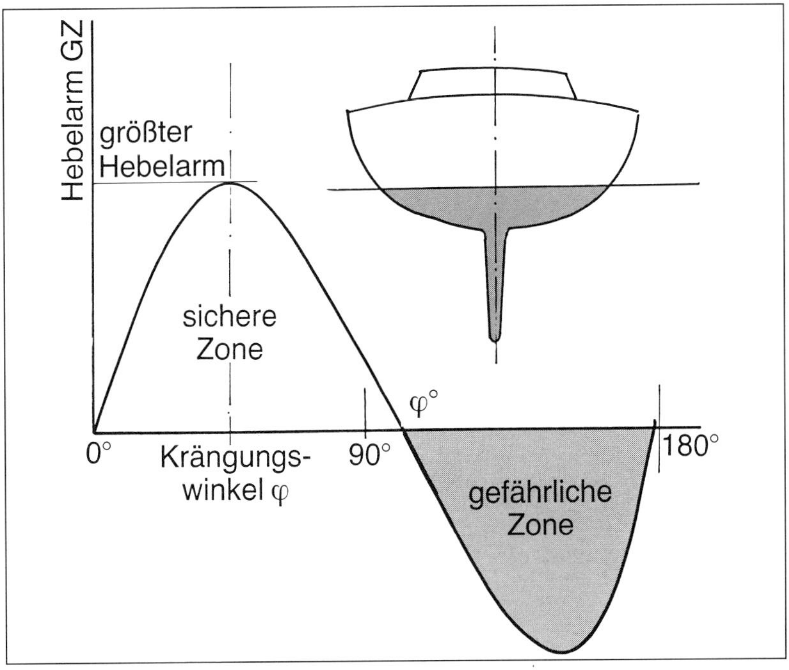

KRITERIEN: DIE EIGENSCHAFTEN EINER YACHT

Ihr Nulldurchgang definiert eine sogenannte negative Stabilität (Kenterpunkt), und es ergeben sich daraus eine sichere und eine gefährliche Zone. Mit ihrer Hebelarmkurve ließe sich der Stabilitätsumfang einer Yacht leicht abschätzen. Aber als Käufer bekommt man sie kaum einmal zu sehen. So muß man sich auf den Konstrukteur verlassen. Allgemein läßt sich aber sagen, daß Boote mit langem Kiel und niedrigem Gewichtsschwerpunkt – den kann man am Ballastanteil vage abschätzen – weitaus weniger zum Kentern neigen, als moderne Konstruktionen mit flachen Spanten und Kielflosse. Auch gemäßigte Langkieler sind in der Regel immer fähig, sich auch aus einer Kielobenlage schnell wieder von selbst aufzurichten. Genau das nämlich tun breite, flache Rümpfe nicht: Sie verharren minutenlang in der Kielobenlage und nur ein Anstoß durch Seegang oder ähnliches bringt sie wieder in ihre Senkrechte. Ein voluminöser Aufbau, der nach dem Kentern Auftrieb bringt, würde das ändern. Aber zu allem Überfluß sind diese von den Rennyachten entliehenen Cruiser-Racer meist auch noch Glattdecker. Dies zur statischen Stabilität von Segelyachten, die bei glattem Wasser zum Tragen kommt.

Das Wesen der dynamischen Stabilität ist weniger einfach zu erkunden. Es liegen dementsprechend auch nur wenige Kenntnisse vor. Eines aber scheint sicher, je größer das Boot, desto mehr Kraft muß eine überbrechende See mitbringen, um es zum Kentern zu veranlassen. Um eine Neun-Meter-Yacht umzuwerfen, ist ein sechs Meter hoher Brecher nötig. Besonders kenteranfällig sind Leichtbauyachten. Sie werden schneller beschleunigt und leichter beschädigt. Hoher Freibord, für die statische Stabilität von Vorteil, bietet Brechern eine größere Angriffsfläche. Und der Flossenkiel? Dynamisch gesehen hat er den Vorteil, in brechendem Wasser weniger leicht zu stolpern als ein Langkieler, wie viele Erfahrungsberichte beschreiben. Liegt aber ein Boot erst einmal auf der Seite, tritt wieder statische Stabilität ein, und da ist es für eine Yacht wichtig, zurück in ihre vorausberechnete Schwimmlage zu kommen. Auch diese Aspekte sollten Kriterium sein bei der Entscheidung für ein Boot. Den leichten Flossenkieler, und sei er noch so groß, kann man einem Normalsegler demnach allenfalls nur für den Fahrtbereich III empfehlen: für Fahrten vor geschützten Küsten.

Baumerkmale:
Auf der Messe zu besichtigen

Ob ein Boot für Geschwindigkeit, für rauhe See, wenig Wind oder einfach nur zum Tagessegeln gebaut wurde, kann man in etwa von seinen Baumerkmalen ablesen. Mit den Hinweisen auf Baumerkmale in den folgenden Kapiteln soll möglichst schon der Charakter einer Yacht bestimmt werden können, ob sie kursstabil sein wird, sanft in die See einsetzend, oder ob sie viel Wind benötigen wird, um auf ihre Rumpfgeschwindigkeit zu kommen.

Lateralplan

Das was einem an einer auf dem Trockenen stehenden Segelyacht als erstes auffällt, ist ihr Lateralplan. Er ist die Bezeichnung für die Seitenfläche des Unterwasserschiffs, der Unterwasserlängsschnitt. Er ist Teil der Seitenansicht einer Yacht, und kann man dem Überwasserteil allenfalls die Längen entnehmen, so gibt die Lateralfläche schon bessere Auskunft über den Charakter einer Yacht. Schließlich muß sie im Wasser die Seitenkraft erzeugen zum Ausgleich der Kräfte am Segel und gleichzeitig für Kursstabilität sorgen. Bei Langkielern ist es dann auch relativ einfach, auf Seitenkraft und Kursgenauigkeit zu schließen. Hier zählt in erster Linie die gestreckte Gesamtfläche. Boote mit flachen Linien und Flossenkiel machen es dem Betrachter da schon schwerer. Bei ihnen stehen Seitenverhältnis und Profilgüte des Kiels für ausreichenden Auftrieb. Sie sind die Hauptmerkmale einer Tragfläche, und die Kielflosse ist so etwas, wenn auch senkrecht im Wasser hängend. Es gilt (siehe „Manövrierfähig-

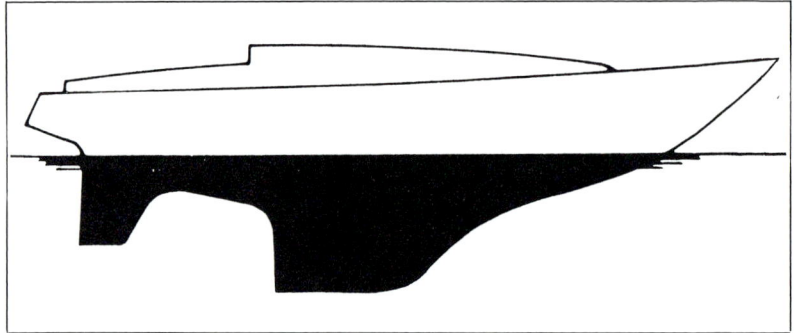

Der Lateralplan: Er stellt die gesamte Unterwasser-Seitenfläche dar und ist zuständig für möglichst kleine Gleitwinkel am Wind, entsprechend guter Höhe. Diese gemäßigten Kurzkieler haben sich als gutmütige Fahrtenyachten bewährt.

keit und Kursstabilität" Seite 39), je länger und schmaler eine Tragfläche, desto mehr Auftrieb erzeugt sie, um so theoretisch schmaler kann auch ihr Profil sein. Für eine Fahrtenyacht wähle man den besten Kompromiß zwischen Kielbreite und vertretbarem Tiefgang. Ein breiter Kiel (in Richtung Langkieler) besitzt auch die bessere Kiel-Rumpf-Verbindung.

Ebenso ist der Abstand Kiel-Ruder interessant: je länger der Hebelarm zwischen Kiel- und Ruderdruckpunkt, desto besser wirkt ein Ruder. Wichtig wird dann auch, ob der Konstrukteur eine Rudervorflosse vorgesehen hat, oder das Ruder frei aufgehängt ist. Eine Vorflosse sorgt für bessere Anströmung des Ruders und gibt zusätzliche Lateralfläche für bessere Kursstabilität. Vom Lateralplan leitet man denn auch ab, ob ein Boot träge oder lebendig auf Ruderausschläge reagiert, und ob es Fahrt braucht, um nicht zu driften. So benötigt die schmale Flosse immer Geschwindigkeit, um ihren Auftrieb zu entwickeln. Große Lateralfläche bringt aber auch höheren Reibungswiderstand durch größere benetzte Oberfläche. ==Der Anteil der Ruderfläche soll beim Langkieler 5 bis 7% des Lateralplans, beim Kurzkieler 10 bis 12% betragen. Yachten mit diesen Werten haben== sich als gut steuerbar erwiesen.

Hauptspant

Zwar gibt ein vollständiger Spantenriß, der alle Spanten ineinandergezeichnet darstellt, die beste Vorstellung von der Rumpfform eines Bootes. Doch bekommt man diese Zeichnungen selten in die Hand, so daß man mit dem Hauptspant zufrieden sein muß. Das Hauptspant liegt in der größten Breite einer Yacht und beschreibt ihren größten Umfang und gleichzeitig den größten Querschnitt. Wenn man seine Zeichnung nicht bekommt, kann man ersatzweise ein Boot auf der Ausstellung oder auf der Werft von vorn und hinten betrachten (und fotografieren!). Man kommt so hinter den Charakter des Bootes. Das Pendant zum Hauptspant ist beim Auto die sogenannte Stirnfläche, die zur Bestimmung des

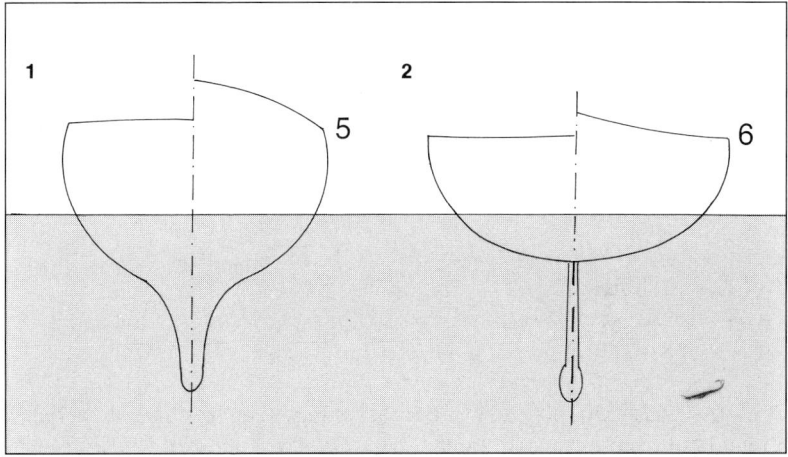

Das Hauptspant wird hier umschrieben von den Spantkurven 5 bzw. 6. Es ist definiert als Spant in der größten Breite des Schiffes und bestimmt seinen Völligkeitsgrad (Zylinderkoeffizient). Der Spantenriß legt zusammen mit der Länge die Form einer Yacht fest. So handelt es sich bei (1) um eine Schwerdeplacementyacht, wie der S-förmige Übergang des Kieles in den Rumpf zeigt, bei (2) um eine Leichtbauyacht mit Kielflosse.

BAUMERKMALE: AUF DER MESSE ZU BESICHTIGEN

c_W-Wertes benutzt wird. Auch das Hauptspant hat mit dem Widerstand zu tun. Als der größte Querschnitt der eingetauchten Fläche einer Yacht ist es Kriterium für den im Kapitel „schnelles Segeln" erwähnten und im Anhang beschriebenen Zylinderkoeffizienten. Für die erste Betrachtung gibt das Hauptspant Auskunft über Stauraum, Wohnraum und Stehhöhe, und es macht deutlich, ob eine Bilge vorhanden ist. Aus der Gestalt des Hauptspantes kann man auf die Formstabilität des Bootes schließen: flache, napfartige besitzen mehr aufrichtendes Moment als halbkreisförmige. Die Ausformung des Kiels zeigt, welche Seitenkraft er gegen die Abdrift bringt, und der Umfang eines Hauptspantes schließlich zeigt auf, ob mit geringer oder hoher benetzter Oberfläche zu rechnen ist. So wählt man für ein Leichtwetterschiff die schmale Spantform einer Schwerdeplacementyacht, für ein Schwerwetterschiff eher die breite Rumpfform.

Knickspant

Immer wieder tauchen auch Boote mit sogenannten Knickspanten auf, obgleich diese Bauweise für Kunststoffyachten nicht notwendig ist. Die Knickspantbauweise nämlich ist eine Einfach- und Billigbauart, die für Boote aus Sperrholz (Piraten-Jolle) oder aus Stahl angewendet wird, um das Material beim Aufplanken möglichst wenig verformen zu müssen. An GFK-Yachten sind scharfe Knicke eher schwieriger herzustellen. Den-

◀ *Da die Werften ihren Kunden den Spantenriß vorenthalten, sollte der Blick auf das Hauptspant obligatorisch sein bei der Besichtigung einer Yacht: Hier erkennt man die Spantform, ob U, V oder Trapez, und man kann an der Schärfe des Stevens und an dem flachen Boden beispielsweise abschätzen, wie das Boot in die Welle einsetzen wird. So werden die flachbodigen Rümpfe härter einsetzen, als etwa das S-Spant eines Langkielers. Eine dünne Kielflosse mit hartem Kiel-Rumpf-Übergang (flacher Boden) verspricht allerdings guten Lateralauftrieb. Die hydrodynamisch geformte Ballastbombe von (2) (Scheel-Kiel, nach dem amerikanischen Konstrukteur Scheel) steht für optimale Seitenkraft verbunden mit geringem Tiefgang.*

noch zeigt sich mancher Konstrukteur von seinem GFK-Knickspant-Konzept überzeugt. Untersuchungen haben indessen ergeben, daß sie zumindest bei Fahrtenyachten, die in der Regel selten mehr als Rumpfgeschwindigkeit laufen, falsch liegen: In diesem niedrigen Geschwindigkeitsbereich zeigen alle Rundspanttypen eindeutig den geringeren Widerstand im Wasser. Sie sind damit schneller.

Erst im Gleitbereich – das gilt hauptsächlich für Motorboote mit ausreichender Motorisierung – zeigt die Knickspantform ihre Vorteile. Bei Verdrängerfahrt bewirken die Knickkanten vorzeitige Ablösung der Stromfäden, der Grund für ihren höheren Widerstand. Die Knickspantform ist damit allenfalls für Super-Leichtbauten sinnvoll, die vorwiegend im Gleitbereich gesegelt werden sollen oder für Selbstbauer, die auf diese Art zu einem größeren Schiff kommen.

Kiel

Ob Lang- oder Kurzkiel ist heute kaum noch eine Frage: Langkieler werden in der Regel als schwere Motorsegler angeboten; für leichtere Yachten kann man zwischen einem Kiel mit kleinem Seitenverhältnis und einer Kielflosse mit großem Seitenverhältnis wählen. Der Kiel einer Fahrtenyacht sollte aber immer mehr in Richtung Langkiel gehen. Damit bleibt ein vernünftiger Tiefgang, wie er nötig ist, auch flache Häfen anlaufen zu können und für sicheres Trockenfallen. Die Fläche eines solchen Kiels sollte dann etwa 4% der Segelfläche betragen.

Kiele sind oft auch schräg nach achtern angestellt. Liegen keine praktischen Gründe vor, wie Befestigung am Rumpf oder Verlagerung des Ballastes mehr nach hinten, dann gibt es kaum Gründe dafür, als vielleicht den, je größer die Fläche einer Kielflosse im Verhältnis zu ihrem Tiefgang ist, um so mehr kann sie nach achtern gestellt sein, um besser zu wirken.

Entscheidender für gute Seitenkraft ist das Kielprofil. Hier kommt es auf die Rundung der Vorkante, die größte Dicke des Profils im Verhältnis zur Länge und die Position der größten Dicke an. In der Regel werden die

KIEL

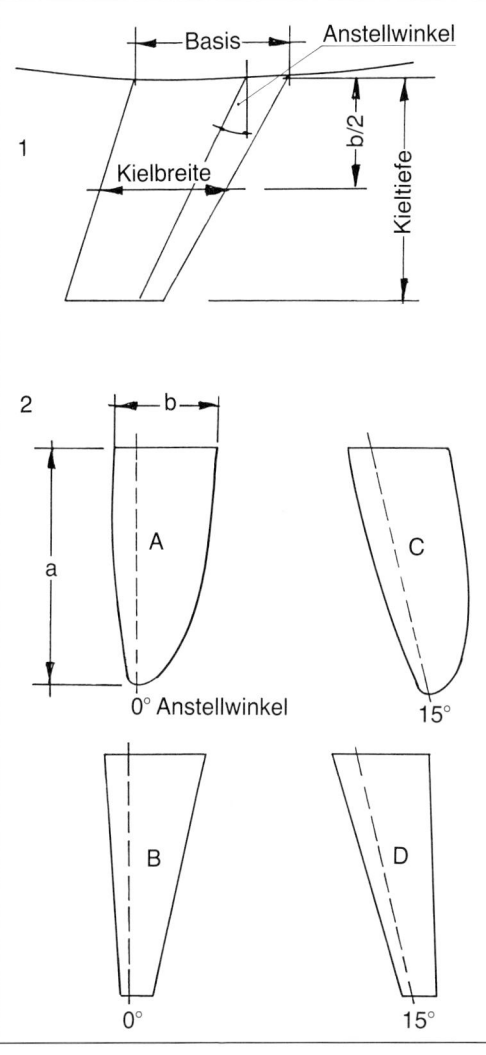

Die Kiele vieler Yachten sind heute Flossen. Es gibt sie in den vielfältigsten Formen, was den Schluß zuläßt, daß es den idealen Kiel nicht gibt. Die hier gezeigten Flossen sind Tragflügel für hohen Auftrieb aber wenig Kursstabilität (die ergibt sich aus der Abstimmung von Kiel und Ruder). Sie eignen sich als Kiel- und auch als Ruderform. (1) zeigt die wichtigsten Maße eines angestellten Kiels. Die Abbildungen A und B stellen gerade Flossen, C und D angestellte Flossen dar. Bei allen Formen steht die Basis für die Befestigungsmöglichkeit eines Kiels am Rumpf, stehen Kielbreite und Kieltiefe für die Am-Wind-Eigenschaften, abhängig vom Seitenverhältnis a:b. Die Anstellwinkel dagegen haben nur wenig Einfluß auf die Segeleigenschaften eines Bootes.

schon erwähnten NACA-Profile verwendet, die, bereits berechnet, in dem Werk „Theory of Wing Sections" zusammengestellt sind, und unter den Konstrukteuren als das Maß aller Profile gelten. NACA-Profile besitzen einen elliptischen Eintritt (Vorderkante) und laufen scharf aus. Unter einer Yacht sind sie Zeichen für guten Auftrieb am Wind und Indiz dafür, daß sich ein Konstrukteur auch sonst Gedanken über die Hydrodynamik seiner Konstruktion gemacht hat.

Eine Rolle hinsichtlich ihrer Querkraft im Fahrtzustand spielen auch die Umrisse von Kielen: Läßt man die lange schmale Flosse als nur für Regattayachten relevant einmal außen vor, dann bringen rechteckige Kiele etwas mehr Auftrieb als flächengleiche trapezförmige. Kiele mit elliptischem Umriß zeigen sich noch etwas günstiger. Für eine Fahrtenyacht wähle man aus praktischen Gründen aber lieber eine lange Unterkante, dazu parallel zur Wasserlinie, um das Boot im Winterlager gut darauf abstellen zu können.

Flügelkiele

Mit Erscheinen eines Flügelkiels – Kiel mit seitlich abstehenden Stummelflügeln – unter dem erfolgreichen Zwölfer „Australia II", wurde diese Art Kiel auch von einigen Fahrtenyachten übernommen. Das Argument: Mehr Höhe am Wind und weniger benötigter Tiefgang durch Konzentration des Ballastgewichtes in den Flügeln. Beides hat sich als nicht haltbar erwiesen. Zwar wird die Umströmung des Kiels als Tragfläche verbessert (Prinzip Endplatte, wo eine Platte am Ende eines Tragflügels ein Abfließen der Strömung verhindert), im Seegang aber, wo das Schiff merklich stampft, verkehrt sich dieser Vorteil ins Gegenteil.

Auch der Tiefgang kann nur verringert werden, wenn der Ballastanteil erhöht wird, denn der Hebelarm wird ja kürzer. Das aber ist mit einem Wulst am unteren Ende des Kiels effektiver. Gibt man einem Wulstkiel noch eine hydrodynamisch günstige Form, etwa wie der amerikanische Konstrukteur Scheel dem nach ihm benannten Scheel-Kiel, dann ist das allemal besser. Die speziellen Linien dieses von vielen Konstrukteuren eingesetzten Kieles entstanden im Strömungskanal. Sie erinnern an ein Bügeleisen.

Modischer Flügelkiel: Sie haben sich für Fahrtenyachten nicht bewährt. Beim Stampfen bremsen sie die Vorausfahrt. Allenfalls bringen sie den Ballast nach unten, so daß man den Tiefgang etwas verringern kann.

Ruder

Ein Segelboot sich selbst überlassen, ist um seine senkrechte Achse instabil, was seine Vorausrichtung angeht. Kursstabilität bekommt es durch ein Ruder, das die Gierbewegungen dämpft und das Boot steuert. Ruder von Fahrtenyachten alter Art sitzen an der Hinterkante des durchgehenden Kiels, was diese Yachten zwar wenig drehfreudig, das Ruder aber äußerst zuverlässig im Seegang macht. Mit Aufkommen der unter-

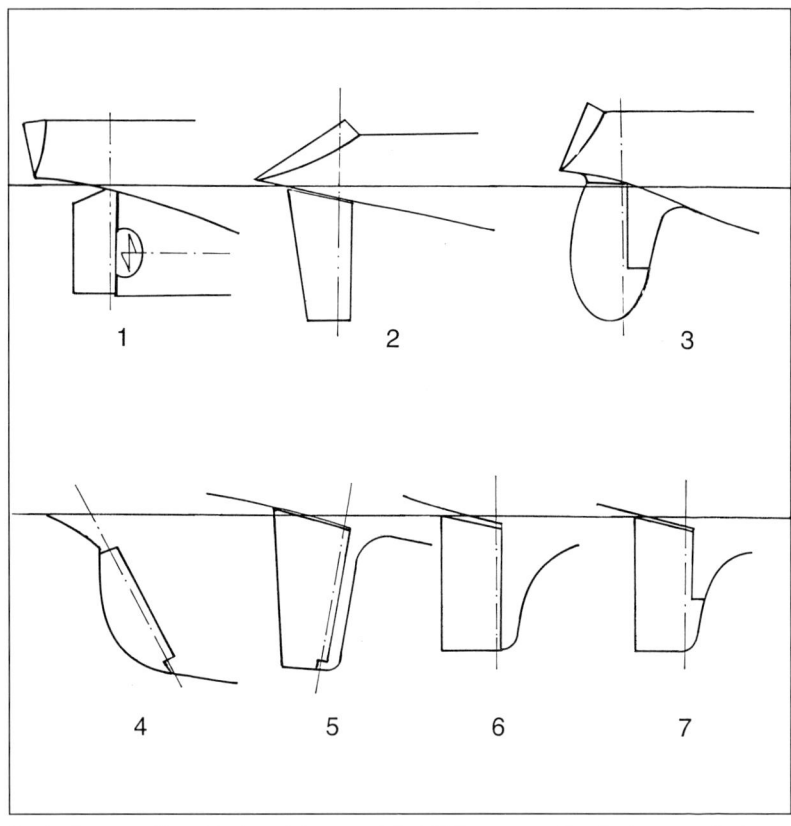

Ruderformen: Gute Ruder wirken auch bei Krängung optimal wie etwa die Langkiel-Ruder (1) und (4). Spatenruder (2) neigen zum Ventilieren, das heißt, sie saugen Luft und verlieren dabei an Wirkung. Für Fahrtenyachten sind sie meist zu nervös. Elliptisch geformte Ruder an Fahrtenkreuzern folgen meist nur einem Modetrend: Das gezeigte (3) kommt zudem leicht durch Seegras unklar (Schlitz zwischen Flosse und Ruder), ebenso das Ruder (7). Als vernünftige Ruder für Fahrtenyachten haben sich (5) und (6) bewährt: Sie liegen geschützt hinter einem Skeg und verzeihen kleine Steuerfehler.

teilten Lateralpläne rutschte das Ruder immer weiter unter das Heck, weil ein langer Hebel zur Kursstabilität gebraucht wird, aber auch, um mit kleinen Flächen auszukommen.

Ein Ruder mit den Druckpunkten von Segelfläche und Kiel in Einklang zu bringen, ist eine Kunst, die nicht jeder Konstrukteur beherrscht, denn das Ruder soll bei jedem Krängungswinkel optimal wirken. Das aber tun sie vielfach nicht. Aus Gründen der Ausgewogenheit soll der geometrische Lateraldruckpunkt, und hier muß man seine mit dem Segelschein gewonnenen Kenntnisse bemühen, hinter dem geometrischen Segeldruckpunkt liegen: Auf die Wasserlinie bezogen ist ein Abstand zueinander von etwa 10 bis 15% nötig.

Wie die Kiele könnte man auch die Ruder mit möglichst großem Seitenverhältnis bauen, lang und schmal. Mit einem NACA-Profil lassen sich sehr gute Ruderwirkungen erzielen. Aber solche Ruder sind empfindlich: Sie verzeihen keinen Steuerfehler. Sehr schnell löst die Strömung bei zu großem Ruderwinkel ab, und das Boot schießt in die Sonne. Kleinere Seitenverhältnisse sind weniger kritisch. Für Fahrtenyachten lohnt sich zudem eine Rudervorflosse; frei aufgehängte Spatenruder sind mehr etwas für Regattayachten. Ihre Lebendigkeit brauchen die meisten Segler nicht.

Das Ruderblatt führt man gern balanciert aus, die Drehachse greift dann nicht an der Vorkante des Ruders an, sondern irgendwo dahinter. Die Ruderfläche teilt sich dadurch in Vorfläche und balancierte Fläche auf. Je nachdem, ob der Ruderdruckpunkt vor oder hinter der Drehachse liegt, spricht man von unter- oder überbalanciertem Ruder. Ein balanciertes Ruder bringt weniger Ruderdruck auf die Pinne, da die Vorfläche die aufzuwendende Kraft unterstützt. Beim idealen Ruder wird man den Druckpunkt knapp hinter die Drehachse legen, so daß der Steuermann noch etwas Ruderdruck spürt.

Fahrtenyachten sollen mit etwas Luvgierigkeit segeln. Das ist auch für das Ruder optimal. Es muß dann geringfügig angestellt werden, so daß die vom Kiel abgelenkte Strömung auch das Ruder unter einem günstigen Winkel trifft. Ruder moderner Yachten ordnet man in der Regel direkt unter dem Heck an, um die beste Steuerbarkeit zu erzielen. Ob das bei

BAUMERKMALE: AUF DER MESSE ZU BESICHTIGEN

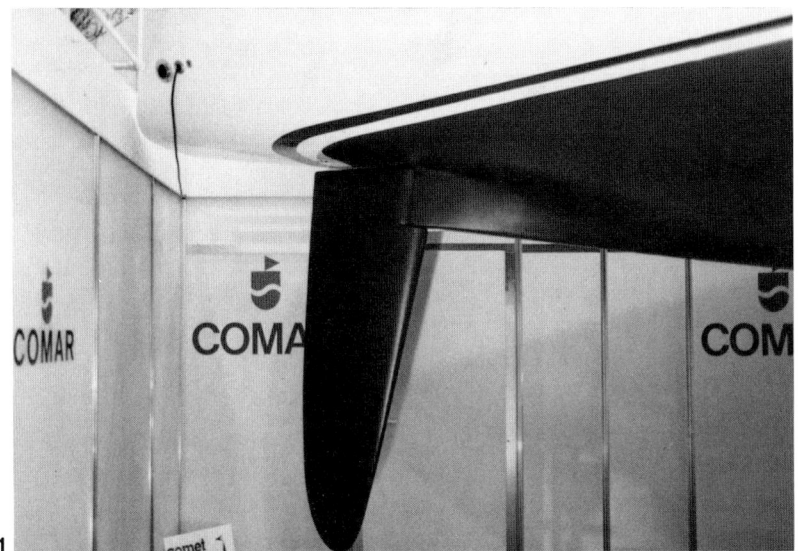

3

Vorbalancierte Ruder sorgen zwar für weniger aufzuwendende Armkraft an der Pinne, sie sind jedoch auch mit Vorflosse nicht problemlos: Leicht blockieren zwischen Vorflosse und Ruderblatt geratener Seetank, Leinen oder Plastikfolien sie in ihrer Funktion (1) und (2). Das kommt an den nicht vorbalancierten Rudern (3) nicht vor. Allen drei Ruderformen ist eine Vorflosse gemein, die – wie die Beispiele zeigen – sehr unterschiedlich ausgeführt sein kann.

seinem Wunschboot so ist, mag jeder prüfen. Wird das Heck durch achterliche Wellen angehoben oder segelt ein im Achterschiff breites Boot mit großer Krängung, dann taucht ein Teil des Ruders aus. Darauf sollte man schon beim Kauf achten. Hier ist es gut, ein tiefgehendes Ruder mit Vorflosse zu haben, das zumindest noch Teilwirkung zeigt. Besonders Spatenruder verlieren bei großer Lage völlig ihre Wirkung, da der unerwünschte Effekt der Ventilation am Ruder hinzukommt, der Luft ansaugt und es völlig nutzlos werden läßt.

Vorflosse und Schwerpunktabstand

Die Ruderfläche ist Teil der Lateralfläche: Sie groß zu machen, um damit den Lateralplan zur Verringerung der Abdrift zu vergrößern, leuchtet ein. Dem entgegen stehen größere Kräfte am Ruder. So ist die Flosse vor dem Ruder eine in mehrfacher Hinsicht gute Lösung: Die eigentliche Ruderfläche sitzt hinter der Flosse geschützt und kann besser aufgehängt werden; das Boot liegt außerdem angenehmer auf dem Ruder, ist nicht übermäßig lebendig und übersteuert nicht so leicht.

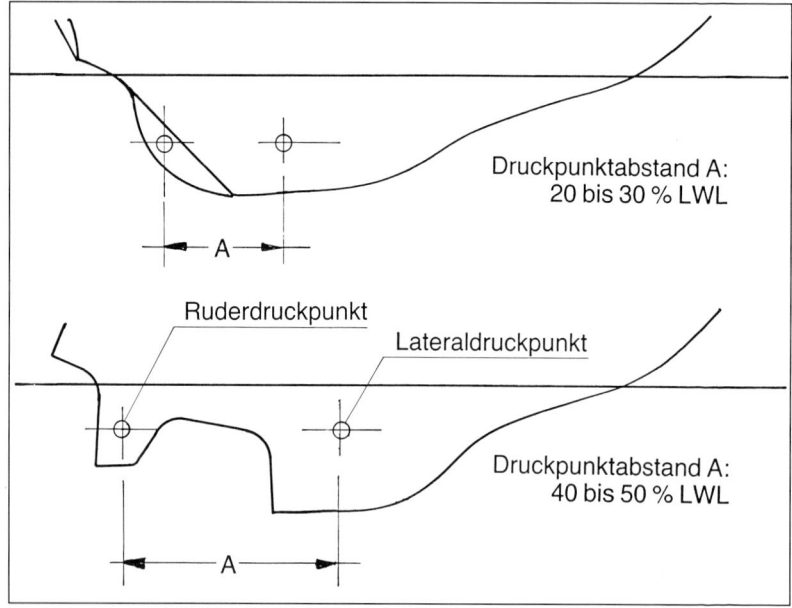

Neben den hydrodynamischen Eigenschaften eines Ruders ist sein Abstand vom Lateraldruckpunkt wichtiges Kriterium. Hier schneidet der Kurzkieler besser ab. Weit achtern am Rumpf tauchen solche Ruder jedoch leicht aus und sind weniger geschützt. Eine Flosse vor dem Ruder wird hier deshalb besonders wichtig.

Als Leitfläche für das Ruder sorgt die Vorflosse für gute Ruderwirkung. Auch hinter dieser Fläche kann das Ruder vorbalanciert sein. Das für den Fahrtensegler wohl wichtigstes Argument aber ist, daß Festmacher, Hummerkörbe, Plastiktüten und Algen einem Ruder mit Vorflosse wenig anhaben können. Für das freistehende Ruder bedeuten sie immer eine Gefahr.

Der Druckpunktabstand zwischen den Lateralflächen Kiel und Ruder ist von großer Bedeutung für die Wirkung eines Ruders. Schließlich entsteht ein Moment beim Ruderlegen aus Kraft mal Hebelarm: Je kürzer der Abstand zwischen den Druckpunkten, desto kleiner ist die Ruderwirkung des Gesamtsystems Yacht. Vergleicht man einen Langkieler mit einem Flossenkieler, dann wird – abgesehen von der Tatsache, daß kein Wasser zwischen Ruder und Kiel hindurchströmen kann – deutlich: ein Langkieler muß träger manövrieren. Sein Rudermoment rechnet sich mit Hebeln zwischen 20 und 30% der Wasserlinienlänge, während Kurzkieler auf Hebelarme zwischen 40 und 50% LWL kommen.

Vorsteven

Die Stevenform einer Yacht gibt ihr das charakteristische Aussehen und ist zuständig für das Einsetzen in die See und dafür, ob sie trocken oder naß segelt. Weniger hat das jedoch mit dem Bugfall zu tun, ob – von der Seite gesehen – ein Steven extrem schräg oder gerade, mit hohlen Linien (Klippersteven) oder konvex (Löffelbug) geschnitten ist. Ein gerader Steven verlängert allenfalls die Schwimmwasserlinie.

Ein Steven mit klassisch tiefem Vorfuß – er verläuft unter Wasser nicht flach zum Kiel hin, wie bei extremen Flossenkielern üblich, sondern taucht meist verbunden mit einem scharfen V-Spant am Vorschiff tief ein – trägt zu gutem Seeverhalten bei. An modernen Yachten findet man in der Regel den flachen Vorschiffsanlauf, der in einen trapezförmigen Spant übergeht. Man erkennt das an dem flachen Boden bereits im Vorschiffsbereich. Eine erhöhte Luvgierigkeit flachgeschnittener Boote in Böen wird so unterbunden. Bei wenig Seegang schieben sich diese Steven ohne große Bugwelle auf das Wasser, und ist das Boot leicht genug – bei einer Fahrtenyacht selten der Fall – kommt es so eher ins Gleiten.

Bei Welle stampfen sie sich jedoch leichter fest, es sei denn, das Boot segelt mit ausreichender Krängung. Dann nämlich setzt die Kante des Trapezspants ein und nicht der flache Boden. Für die Segeleigenschaften werden denn auch mehr die Völligkeit eines Stevens relevant und sein Eintrittswinkel, wenn man so will, die Schärfe des Bugs. Ein scharfer Bug, der sich in ein scharfes Vorschiff fortsetzt, findet weniger Wider-

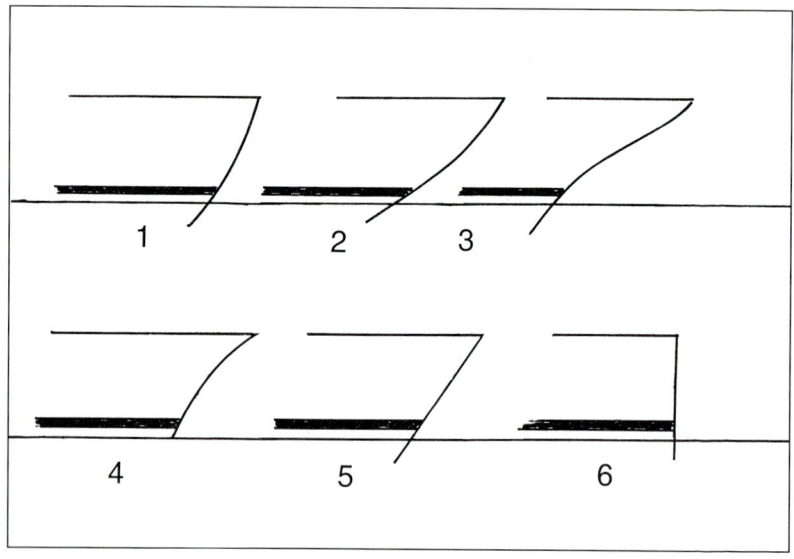

Vorstevenformen: Sie bestimmen das Aussehen einer Yacht. (6) wartet mit der größten LWL auf, Steven (3) mit der kürzesten. Die anderen Formen liegen dazwischen. Manche haben besondere Namen, etwa (3): Klippersteven oder (2): Löffelbug. Modernen Yachten gibt man meist die Form (5) gerader, ausfallender Steven.

stand im Wasser als ein völliger. Ein solches Vorschiff kann aber weniger Vorsegel tragen, da es auch weniger Auftrieb erzeugt. Mit einer extrem großen Genua schneidet ein solches Vorschiff womöglich unter. Für diese Schiffe hat der Konstrukteur dann meistens auch nur eine kleine Genua vorgesehen (für den Käufer ein Indiz) oder er hat seiner Konstruktion gleich ein ⅞-Rigg verpaßt.

Um sanft in die See einzusetzen, soll ein Steven zusammen mit der Vorschiffsspantform so beschaffen sein, daß mit weiterem Eintauchen deutlich mehr Auftrieb erzeugt wird, also sanftes Einsetzen ohne Unterschneiden und ohne abruptes Abbremsen gewährleistet ist. Mit Eintrittswinkel bezeichnet man denn auch den Winkel zwischen Wasserlinie und Schiffslängsachse (von oben gesehen). Er ist abhängig von der Lage und Breite des Hauptspants und bestimmt die Stevenform in der Draufsicht. Bei kleinen Booten (unter 8 Meter) wird der Eintrittswinkel von der nötigen Breite des Fußendes der Vorschiffskojen bestimmt. Da sie in der Regel mit der Wasserlinie zusammentreffen, kann man hier den Eintrittswinkel messen: Er soll für ein seefreundliches Fahrtenschiff nicht mehr als 26° betragen (siehe Seite 76).

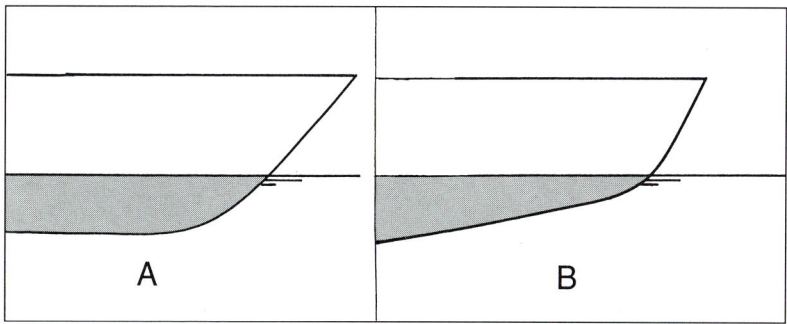

Die Form des Vorschiffanlaufs (Vorfuß) läßt auf Schnelligkeit und Höhe am Wind schließen: (A) ist gut für Seegang gegenan. Schiffe mit solch ausgeprägtem Vorfuß laufen diese gute Höhe. (B): Weniger Vorfuß läßt auf flachen Boden und damit schnellen Rumpf schließen.

1

Der flache Boden (1) bringt mehr Oberfläche ins Wasser, als das breite V (2). Daß es weicher einsetzt, ist ein weiterer Aspekt. So lohnt sich der flache Bootsboden eigentlich nur für Leichtbauten, die damit schneller ins Gleiten kommen. Für schwere Boote, die ohnehin nicht über ihre Rumpfgeschwindigkeit hinauskommen, ist ein flacher Boden Unsinn.

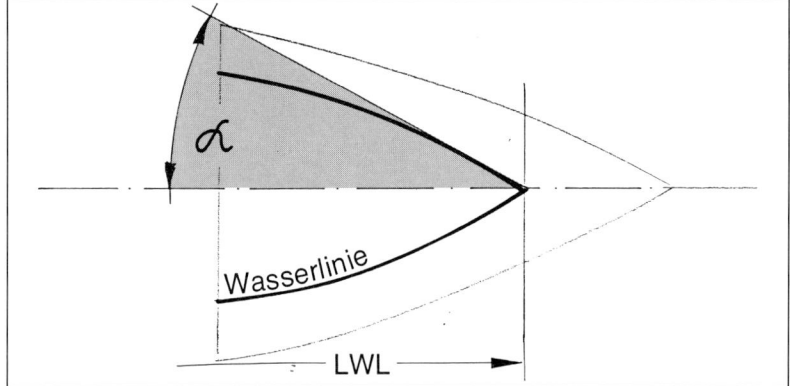

Der Eintrittswinkel legt fest, ob eine Yacht hart oder weich einsetzt. Er ist der Winkel zwischen Schiffslängsachse und der Tangente an die Steven-Wasserlinie und hängt vom Verhältnis $V/\sqrt{LWL^1}$ ab, wie die Tabelle zeigt. So steht hohe Verdrängung, abhängig von der Wasserlinienlänge, für kleine Eintrittswinkel und damit weiches Einsetzen des Vorschiffs ins Wasser.

$V/\sqrt{LWL^1}$	α (IE)
0,5	30°
0,6	26°
0,7	22°
0,8	18°
0,9	14°
1,0 ... 2,0	10°

Die Form des Vorschiffs legt bei Krängung den Trimm eines Segelbootes fest: Ist es zu mager, dann wird das Achterschiff bei Lage angehoben. Es verringert sich die Geschwindigkeit und womöglich schneidet der Steven unter. Hinzu kommen großer Ruderdruck und schlechte Manövrierfähigkeit.

Ist dagegen das Vorschiff zu völlig, wird das Achterschiff auf das Wasser gedrückt und der Vorsteven angehoben: Die Geschwindigkeit verringert sich ebenfalls, das Schiff läuft aus dem Kurs, und die Ruderwirkung verschlechtert sich. Vorschiff und Achterschiff sollen deshalb in einem ausgewogenen Verhältnis zueinander stehen. Als ein gutes Merkmal dafür kann die Lage des Hauptspants (auf die Hälfte der Wasserlinienlänge) dienen.

Heck

Mehr noch als der Vorsteven beeinflußt das Heck, das Achterschiff wenn man so will, die Segeleigenschaften einer Yacht. Kommt ein breiter Vorsteven immer noch irgendwann in Fahrt, so ist da mit einem schlecht konstruierten Heck, das die Stromfäden nicht sauber führt, überhaupt nichts mehr zu machen. Das Boot vertrimmt und saugt sich fest. „Ein Schiff muß achtern das Wasser wieder loswerden", lautet eine alte Bootsbauerregel, und sie gilt heute noch. Entsprechend muß ein Heck beschaffen sein: Folgen die natürlichen Wasserfäden seinen Linien, strakt es, dann wird das Wasser ohne Verwirbelungen und damit ohne unnötigen Widerstand vom Heck abfließen können. Der Wellenwiderstand, der ein Boot in Fahrt bremst, wird um so größer, je höher sich die Heckwelle ausbildet. Man erkennt das an einem steilen Anstieg der Achterschiffslinien im Heckbereich. Sie führen das Wasser, ohne daß es schnell „abreißt", unnötig hoch. Ein Schiff mit flacher Spantform und entsprechend flach auslaufendem Heck segelt schneller, als das tiefer im Wasser liegende mit schlechterem Wasserablauf.

Die Höhe der Heckwelle ist somit ein guter Anhaltspunkt für die Leistungsfähigkeit eines Yachtrumpfes. Kommt ein Ruderboot noch mit spitzem Heck aus, im Prinzip die hydrodynamisch günstigste Form, Wasser wieder los zu werden, so benötigt ein Yachtheck, wegen der höheren Antriebsleistung und der damit verbundenen höheren Geschwindigkeit, ein breites Heck, ein Achterschiff mit mehr Verdrängung, um nicht in das am Heck entstehende Wellental zu fallen. Je schneller ein Boot, auf einer um so längeren Welle läuft es schließlich.

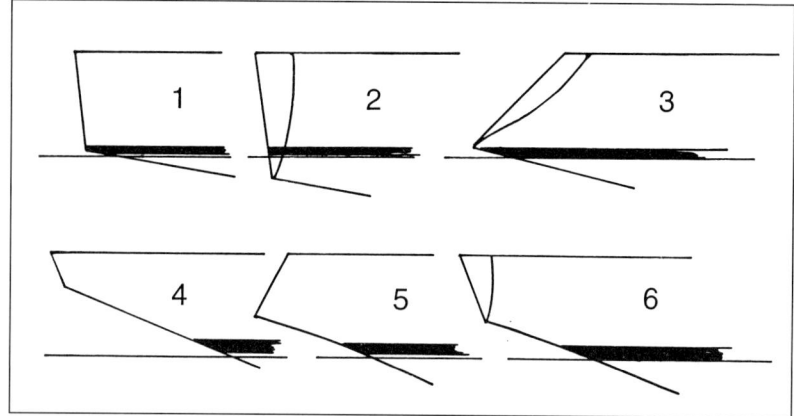

Heckformen: Die Heckform, wie auch manche Vorstevenform, eben die Überhänge, können bei Krängung die Wasserlinie verlängern und eine Yacht damit schneller machen (4), (5) und (6). In der Regel aber legt man heute das Heck bereits so aus, daß es immer eine maximale LWL bewirkt (1), (2) und (3).

Bei Leichtbauten ergeben sich flache Heckformen durch das flache Hauptspant von selbst. Wenig Gewicht verdrängt auch wenig Wasser, so daß auch wenig Volumen eintaucht, die Spantform flach sein kann. Kommt indessen mehr Gewicht und damit Verdrängung hinzu, wie bei einer Fahrtenyacht üblich, dann muß das Hauptspant tiefer werden und man kommt automatisch zu steileren Heckpartien, die dann allenfalls nur für Verdrängerfahrt taugen. Will man darüber hinaus, muß ein Boot leichter werden. Die IOR-Rennformel bestraft denn auch flache Abläufe (damit Extrembauten in einem Rennen nicht zu große Vorteile haben). Deshalb hat mancher Konstrukteur die Hecklinien seiner Fahrtenyacht ungünstig steil auslaufen lassen und damit ein schlechtes Schiff gezeichnet.

Auch für Verdrängerboote sollten die Ablaufwinkel, die angeben, wie steil ein Heck ausläuft, nicht mehr als 20° betragen. Weniger erreicht man mit mehr Verdrängung im Achterschiff, was aber eine größere Wasserli-

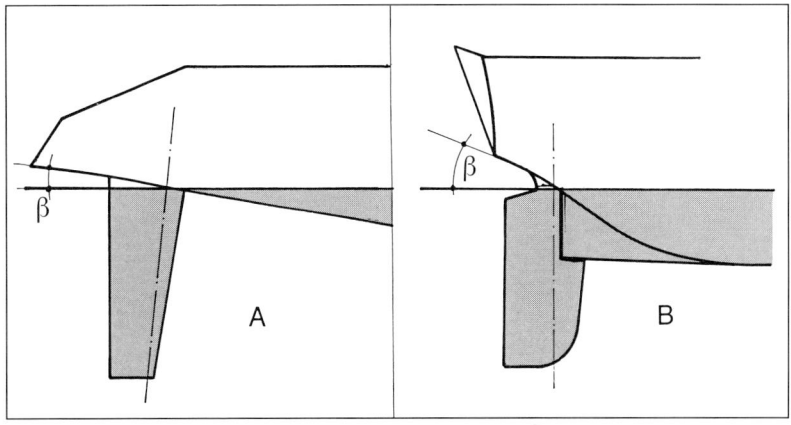

Wichtig für eine Yacht werden die Bodenschnitte, deren Winkel möglichst klein ($\beta < 10°$) sein sollen, was aber nur für Leichtdeplacements zu realisieren ist (A). Schwere Fahrtenyachten zeigen Winkel bis zu 35° (B). Kleine Winkel fördern den Wasserablauf und machen ein Boot schnell, große Winkel erzeugen Widerstand.

nienbreite nach sich zieht mit mehr Widerstand bei langsamer Fahrt und Heraushebeln des Ruders bei Krängung. Übermäßig hohle Linien im Achterschiffsbereich lassen immer darauf schließen, daß dieses Heck sich bei mehr Fahrt festsaugt. Flache gestreckte Heckpartien dagegen lassen den Schluß auf Geschwindigkeiten auch über Rumpfgeschwindigkeit zu. Voraussetzung ist allerdings, man belastet dieses Heck nicht übermäßig mit Urlaubsgepäck und trimmt die Crew in den Verdrängungsschwerpunkt.

Rigg

Das Rigg einer Yacht produziert ihre Antriebsleistung: am Wind durch Anströmen des Segelprofils, vor dem Wind hauptsächlich durch Staudruck in möglichst viel Tuch. Am Rigg einer Yacht erkennt man bereits, ob man es mit einer stäbigen Fahrtenyacht oder mit einem flinken Regattaboot zu tun hat: Während ersteres mehr auf Festigkeit gebaut ist, rüstet man schnelle Boote mit dünnen Mastprofilen aus und versucht auch sonst durch möglichst wenig, dafür aber um so sinnvoller angeordnete Drähte dem Wind so wenig Widerstand wie möglich zu bieten.

Ein „schnelles" Rigg ist indessen auch für eine Fahrtenyacht geeignet, sofern es bedienungsfreundlich bleibt. Allerdings setzt bei viel Wind der Bootsrumpf mit seiner Wasserlinie einer Leistungssteigerung ohnehin Grenzen. Mehr als 2,43 $\sqrt{\text{LWL}}$ geht ja meist nicht. Aber bei wenig Wind mit Fahrt unter Rumpfgeschwindigkeit lohnt sich ein leistungsfähiges Rigg, das in der Lage ist, dem Wind mehr abzuverlangen, indem es beispielsweise eine optimale Mastkurve zuläßt für einen besseren Stand des Großsegels.

Aber auch an dem Drahtverhau mancher Fahrtenyacht sind Verbesserungen möglich. Hier kann man sich an den Rennyachten orientieren, denn das Rigg mit den meisten Drähten ist nicht unbedingt auch das festeste und gleich gar nicht das effektivste: Ein Segelantrieb sollte für die Kurse hoch am Wind ausgelegt sein. Hier zählen ein gutstehendes Rigg ohne unnötigen Luftwiderstand und ein steifes Boot, das dem Wind, ohne viel Krängung die Segelfläche bietet. Alle anderen Kurse gehen dann von selbst.

Das wirksamste Rigg ist das mit der größten Segelstreckung, das heißt, je höher und schmaler (bei gleicher Fläche), desto schneller. Für Fahrtenkreuzer, ob schnell oder langsam, geht es in erster Linie um eine angenehme Bedienbarkeit, denn in der Regel werden sie von Familiencrews gesegelt. Fahrtenkreuzer brauchen deshalb ein unkompliziertes bedienungsfreundliches Rigg, das aber dennoch leicht den Windgegebenheiten anzupassen ist.

Je einfacher es also konstruiert wurde, desto besser. Besonders in seinem Topp sollte es einfach sein, was für die Fallrollen gilt, aber auch für die Drähte, wie einer wartungsfreundlichen Diamondverstagung etwa, denn da kommt man für eine Reparatur meist schlecht hin. An und unter Deck kann man sich immer selbst helfen.

Topprigg

Die meisten Fahrtenkreuzer sind toppgetakelte Slups, einmastige Segelboote also, wie es in den sechziger Jahren auf den damaligen Rennyachten nach RORC Mode war. Da dieses Rigg sehr fest gebaut werden kann, zum Teil auch mit mehreren Salingen, hat es sich bis heute bewährt. Nur die übergroßen Vorsegel und das schmale Groß sollten Fahrtenyachten nicht übernehmen: Sie stellen ein Extrem derzeitiger Rennformeln dar und machen dauernde Vorsegelwechsel nötig. Nachteile des Toppriggs sind denn auch die unhandlichen Vorsegel mit den dazugehörigen großen Winschen, und es gibt wenig Möglichkeiten zum Trimmen. Dagegen steht seine Einfachheit ohne die Verwendung von Backstagen.

⅞-Rigg

Diese Takelung gilt heute als die modernere, ist aber auch schon etwas älter. Auf jeden Fall ist sie flexibler als das Topprigg. Durch das hier in ⅞ der Masthöhe angreifende Vorstag (das Maß liegt nicht fest, es können auch ¾ oder ⅚ sein) gibt der Masttopp in Böen nach und dadurch Lose auf das Achterliek, und er strafft es automatisch, wenn die Bö vorüber ist – ganz wie man es sich wünscht. Dazu wird das Großsegel in starkem Wind selbsttätig abgeflacht (auch wie man es sich wünscht), wenn der Mast nur ausreichend biegsam ausgeführt wird. Allerdings werden dadurch Backstagen nötig, die präzise geholt werden müssen, was in Wenden oder Halsen unter Seebedingungen eine Familiencrew eventuell überfordert. Dafür hat man hier die handigere Fock, die oftmals sehr klein ist. Und der Satz verschieden großer Vorsegel braucht auch nicht mehr mitgeführt zu werden: Das ⅞-Rigg bezieht seine Hauptantriebsenergie aus dem (großen) Großsegel, das zudem noch gut regulierbar ist.

Gepfeilte Salinge

Eine entschärfte Version des ⅞-Riggs ist ein Mast mit 25° bis 30° nach achtern gepfeilten Salingen. Die abgewinkelten Wanten wirken jetzt dem

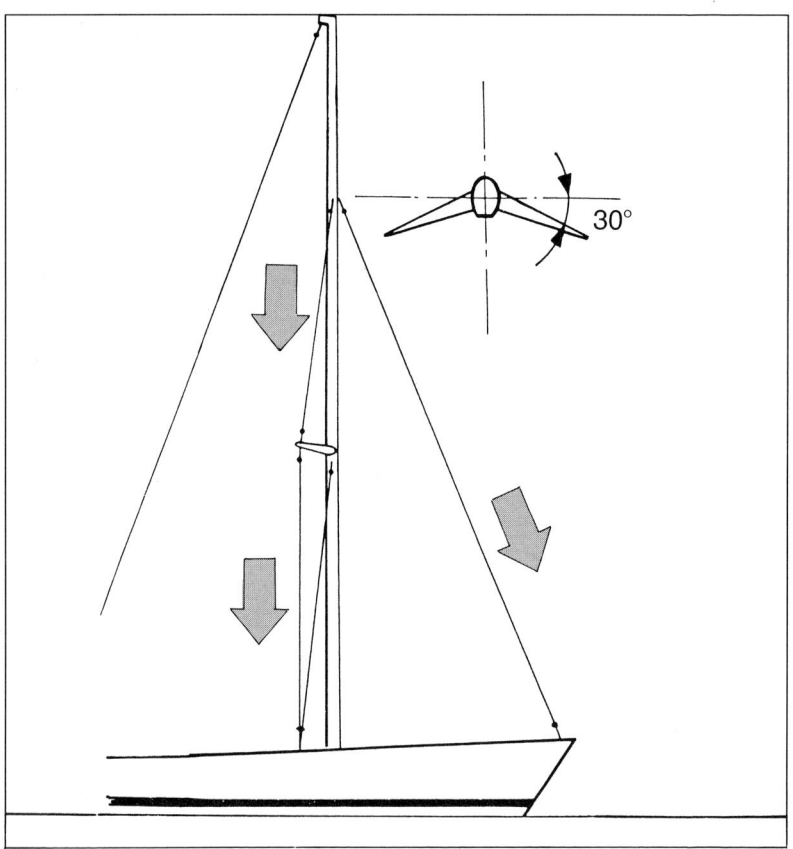

Das ⅞-Rigg wird charakterisiert durch ein Vorstag, das in etwa ⅛ der Mastlänge unter dem Topp angreift. Es ist durch seine Backstagen komplizierter als das Topprigg. Für Fahrtensegler sind deshalb meist gepfeilte Salinge vorgesehen. Die Mastverstagung kommt so ohne komplizierte Backstagen aus. Der Vorstagzug wird vom Oberwant aufgenommen, ⅞-getakelte Masten lassen eine optimale Mastkurve zu. Sie stehen für ein sogenanntes flexibles Rigg. Die Pfeilrichtung der Saling beträgt meist weniger als 30°.

Vorstagzug entgegen und machen Backstagen überflüssig. So effektiv wie Backstagen ist diese Lösung indessen nicht: am Wind hängt das Vorstag meist durch. Die Wanten müssen also extrem hart durchgesetzt werden, was nur bis zu einer Bootsgröße von zirka 10 Metern funktioniert. Nachteilig ist auch das Schamfilen des Großsegels an Saling und Want, wenn es vorm Wind möglichst weit aufgefiert werden soll. Für den Wegfall der Backstagen kann man das aber in Kauf nehmen.

Kutterrigg

Etwas aus der Mode gekommen ist das Kutterrigg, dabei bietet es für eine Fahrtenyacht die ideale Unterteilung einer zu großen Genua in Klüver und Fock. Klüver- und Fockstag sind nötig und, um den Zug des inneren Fockstags abzufangen, unter Umständen auch Backstagen.

Zweimaster

Von den typischen zweimastgetakelten Schiffen, Schoner, Ketsch und Yawl ist im Serienbau nur die Ketsch übrig geblieben. Ihr Besanmast ist aerodynamisch gesehen aber sein Geld nicht wert. Am Wind produziert er nur Widerstand und vorm Wind deckt er das Großsegel ab. Allenfalls bei halbem Wind ist er zu gebrauchen – und als Träger für die Radarantenne, die auf einer Slup meist schlecht unterzubringen ist.

Mastprofil

Ein effektives Rigg soll dem Wind so wenig Widerstand wie möglich bieten, das gilt für übermäßig viele Drähte, wie zusätzliche Unterwanten, Zwischenwanten und Diagonalverspannungen – auf die kann man meist verzichten – aber auch für das Mastprofil selbst. Besonders dick bedeutet nicht immer auch besonders fest. Der Mastquerschnitt nämlich ist gar nicht zuständig für seine Festigkeit: Dafür steht sein Widerstandsmoment gegen Biegung, das aus dem Trägheitsmoment abgeleitet ist.

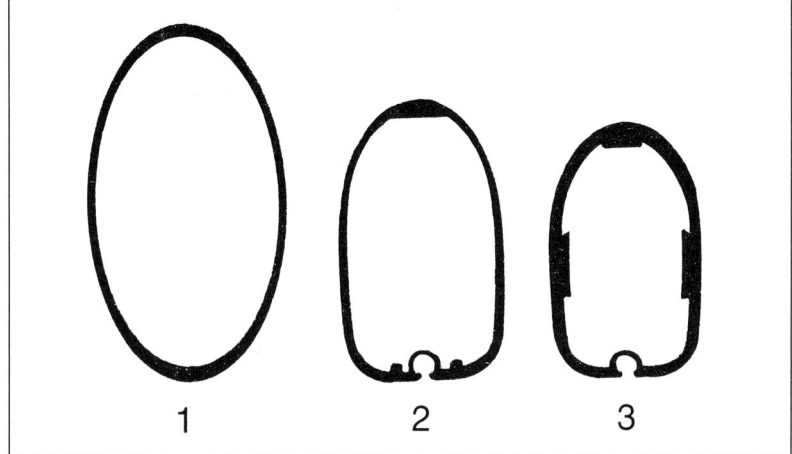

Mastschnitte haben heute Kastenform (2) und (3) gegenüber den früher üblichen Ellipsen (1). Sie lassen sich leichter in Längsebene biegen für einen Mastfall nach achtern. Hier ist die Mastkeep bereits im Profil enthalten.

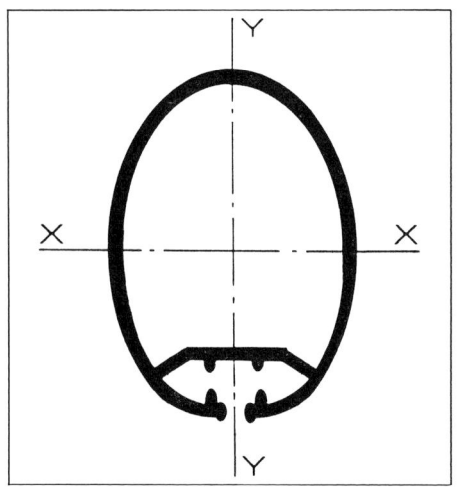

Für die Festigkeit eines Mastes ist das Widerstandsmoment seines Querschnitts zuständig, das abhängt vom Abstand der Wandung von den gedachten Achsen x und y. Dünne Profile mit dicker Wandung sind gleich biegefest wie dicke mit dünner Wand. Man kann dicke Masten sehr leicht bauen, aber auch die filigranen Masten von Regattabooten sind nicht so zerbrechlich wie sie aussehen; dafür sind sie auch nicht so leicht.

Das Trägheitsmoment ergibt sich aus der Materialfläche des Querschnitts multipliziert mit dem Quadrat ihrer Entfernung von einer neutralen Achse (siehe Abbildung). Eine dicke Profilwandung mit kleiner Entfernung von der Mastmittellinie kann damit dieselbe Festigkeit haben wie eine dünne mit großem Abstand. Nur Windwiderstand und Gewicht sind unterschiedlich; also wählt der geschwindigkeitsorientierte Käufer das widerstandsgünstigste Profil.

Ein Trick, mit dünnen Masten klarzukommen ist, den Mast immer etwas auf Biegung zu fahren: Er wird bei stärkerem Wind und dann steifgeholtem Achterstag weniger pumpen und sein Material nicht ermüden. Damit kann man dann auch als eher skeptischer, festigkeitsbewußter Käufer leben. Hinzu kommt, daß die Segelwölbung flacher wird, was man bei Wind ohnehin anstreben sollte, und was einem sozusagen automatisch den richtigen Trimm beschert. Dinge immerhin, die geeignet sind, einem Normalsegler die Angst vor diesem „Rennrigg" zu nehmen. Effektiv ist indessen nicht nur das Rigg mit dem höchsten Mast, sondern auch das mit wenig Windwiderstand. Es sollte bereits bei vier Beaufort zumindest soviel Energie erzeugen können, daß ein Boot auf seine Rumpfgeschwindigkeit kommt, und das möglichst ohne viel Krängung.

Motor

Der Motor einer Yacht hat nur soviel mit ihrer Segelleistung zu tun, als er sie verschlechtert. Sein Gewicht spazierenzusegeln, geht der Fahrtgeschwindigkeit verloren. Ein guter Konstrukteur versucht ihn deshalb so klein und damit so leicht wie möglich zu halten, und ihn so in den ohnehin nötig werdenden Ballast zu integrieren, daß er am wenigsten stört. Am besten wäre er unten im Kiel aufgehoben, aber auch schon über dem Kiel sitzt er verhältnismäßig günstig. Hier befindet er sich annähernd im Gewichtsschwerpunkt und entlastet dadurch die Enden – in der Regel das Achterschiff – vor schädlichem Gewicht.

Man sollte also lieber ein geringfügiges Mehr an Motorengeräusch eines Motors unter dem Salontisch – in einem Kasten, versteht sich – in

Kauf nehmen. Das ist besser als das Heck zu belasten, ihn dafür aber weniger zu hören. Aus Motorgewichtsgründen sollte eine Segelyacht auch nicht übermotorisiert werden, selbst eine Fahrtenyacht nicht, zumal ein ausgerüsteter Fahrtenkreuzer auch mit einem Mehr an Kilowatt nicht über seine Rumpfgeschwindigkeit kommt. Allenfalls für Gegenwind und Schleppen anderer Fahrzeuge ist mehr Leistung gefragt.

Und wieviel ist nun mehr? Allgemein kann man für eine Verdrängeryacht zwei Kilowatt pro Tonne Schiff als ausreichend ansehen (2 kW/t ≙ 2,72 PS/t). Mehr Leistung lohnt allenfalls, wenn das Achterschiff breit und flach geschnitten ist. Dann mögen 4 kW/t berechtigt sein, mehr jedoch nicht. Und erst recht nicht, wenn die Leistung über einen Faltpropeller mit schlechtem Wirkungsgrad ins Wasser gebracht wird.

Ein Zuviel an Leistung produziert nur Wellen und vertrimmt die Yacht. Das gilt auch für Motorsegler, denn das Wesen dieser Kategorie Segelyacht bedeutet ja nicht, so viel Leistung wie möglich, sondern Linien, die auch für Motorfahrt geeignet sind: flach für Fahrt möglichst ohne Vertrimmen. Für eine reine Segelyacht aber sollte der Motor bleiben, was er ist: ein Hilfsantrieb für Hafenmanöver und womöglich für mehr Höhe am Wind. Dafür kann er klein bleiben, zugunsten der Segeleigenschaften.

Propeller

Ein Teil des Motorantriebs nimmt auf andere Weise Einfluß auf die Segeleigenschaften einer Yacht: die Schwanzwelle mit ihrem Propeller oder auch der Arm eines Saildrives. Beide treten als sogenannte Anhänge aus dem Yachtrumpf aus und produzieren hier mehr oder weniger Widerstand. So ist der Saildrive mit seinem Faltpropeller einer starren Welle mit Festpropeller vorzuziehen, sofern es sich um einen Flossenkieler handelt, und der Prop vor dem Ruder sitzt, um es direkt anzuströmen. Er wirkt mit seinem zudem strömungsgünstig ausgeführten Arm am wenigsten geschwindigkeitshemmend.

Die Schwanzwelle sieht man in unterschiedlichen Versionen aus dem Rumpf kommen. Am widerstandsärmsten ist sie noch ohne Wellenbock mit Faltpropeller, dann liegen ihre Widerstandswerte unter denen des Saildrives. Auch eine aus einer Art Vorflosse austretende Welle, hinter deren Totholz ein zweiflügeliger Propeller sozusagen in Segelstellung blockiert werden kann, ist eine akzeptable Lösung, der beste Kompromiß vielleicht, Motor- und Segeleigenschaften eines Bootes gerecht zu werden. Abstand nehmen sollte man von Wellenanlagen mit nicht strömungsgünstig ausgeformten Wellenböcken und Festpropellern. Diese Systeme bringen Fahrtverluste bis zu einem Knoten. (Siehe hierzu auch Seite 116.) Ein hydrodynamisches Unding ist es, den Prop in einem Propellerbrunnen laufen zu lassen, der im Ruderblatt ausgespart wurde. Man sieht diese Lösung zum Glück nur noch selten: Hier bringt die Aussparung in der Ruderfläche nicht nur zusätzlichen Widerstand durch Verwirbelungen, das Ruder wird, wenn man es anstellt, auch nicht mehr optimal vom Propeller angeströmt. Der größte Teil des Wasserstrahls schießt durch den Propellerbrunnen, so daß die Steuerwirkung unter Motor schlecht ist. Man sollte so etwas nicht kaufen.

Wellenböcke, denen die Werft ein Profil gegeben hat, und die profilierten Saildrive-Arme bringen dagegen noch zusätzliche Lateralfläche unter das Schiff, wenngleich der beste Motor für gute Segelleistung eines kleineren Bootes unter 2 t Verdrängung immer noch der Außenborder ist, der hochgeklappt oder in der Backskiste verstaut, Anteil am Segeln nur durch sein Gewicht nimmt. Aber er zeigt sich eben nur optimal hinsichtlich der Segelleistung. Für Motorfahrt ist jeder Einbaumotor besser. Die Nachteile von Außenbordern sind: Austauchen des Propellers bei Stampfen des Bootes, schlechte Gewichtsverteilung im Schiff – selbst fernbedient im Schacht, schlechter Wirkungsgrad des kleinen zu schnell drehenden Propellers, der einem Verdrängerboot aus Baugründen (Kavitationsplatte) nicht richtig angepaßt werden kann.

Verhältnisse:
Am Schreibtisch vergleichen

Seit es den Yachtbau gibt, hat man versucht, Kriterien zur Beurteilung von Yachten zu finden. Zwar sind Länge und Breite feste Größen, ebenso Verdrängung und Segelfläche. Ob eine Yacht indessen wirklich angenehm segelt und, wie der Bootsverkäufer behauptet, schon bei 3 Bft auf seine Rumpfgeschwindigkeit kommt, obgleich untertakelt, das sieht man keinem Boot so ohne weiteres an. Man muß es glauben. Erst die Koeffizienten aus den Hauptabmessungen können bei solcher Beurteilung helfen. Ihre Verhältniswerte lassen Vergleiche mit anderen Booten zu und charakterisieren so bestimmte Eigenschaften einer Yacht. Die Resultate kommen gemessenen Fahrtwerten erstaunlich nahe.

Hier sind Wasserlinienlänge (LWL), Breite in der Wasserlinie (BWL), Verdrängung (V) und Segelfläche (AS) ins Verhältnis gesetzt, so wie Bootsbauer und Konstrukteure es machen, wenn sie eine Yacht einschätzen wollen. Und mußten die Profis noch ihren Taschenrechner bemühen, um auf aussagefähige Koeffizienten zu kommen, so übernehmen hier Diagramme diese Arbeit: Mit zwei Hauptmaßen aus dem Prospekt kommt man den jeweiligen Eigenschaften auf die Spur. So geht man etwa mit der Wasserlinienlänge von der waagerechten Achse des Diagramms 3 und mit der Verdrängung von der senkrechten Achse aus, um auf den Wasserlinien-Verdrängungs-Koeffizienten zu kommen. Der zum Beispiel besagt, wo sich eine Yacht zwischen einem schwer gebauten Schiff und einem Leichtbau befindet.

Jede der hier so vorgestellten Verhältniszahlen macht damit eine Aussage, etwa ob ein Boot (verhältnismäßig) schmal oder breit, über- oder untertakelt, schnell oder langsam oder eben schwer oder leicht ist. Fahrtleistung und Segeleigenschaften hängen von diesen Faktoren ab, die jedoch gleichzeitig zu überblicken schwierig ist. Da sind Diagramme über die Bestimmung der Koeffizienten hinaus eine hervorragende Methode, diese auch übersichtlich zu machen. Die Pfeile geben jeweils an, in welche Richtung ein Boot tendiert. Trägt man zum Beispiel alle für einen selbst in Frage kommenden Boote in die Diagramme ein, dann fällt die Frage nach dem eigenen passenden Boot nicht mehr schwer.

Um auf dimensionslose Werte zu kommen, stehen für die Segelfläche ihr Wert aus der zweiten Wurzel $\sqrt{AS}$ und für die Verdrängung ihr Wert aus der dritten Wurzel $\sqrt[3]{V}$. So kann man die Verdrängung in m^3, die Segelfläche in m^2 und Länge und Breite jeweils in m direkt ins Verhältnis setzen.

Längen-Breiten-Verhältnis

Ist mein Boot breit oder schmal? Das ist mit dem Zentimetermaß allein nicht zu beantworten. Erst in Relation zu seiner Länge kann man etwas über den Schlankheitsgrad eines Bootes und damit über die daraus resultierenden Eigenschaften sagen. Die Breite in der Wasserlinie ist Indiz für Kreuzeigenschaften und Seeverhalten. Aufgetragen über die Länge in der Wasserlinie ergibt sich eine Schar von Geraden, die nach oben links für breite, nach unten rechts für schlanke Bootskonstruktionen stehen. Koeffizienten für normalbreite Boote bewegen sich zwischen den Werten 2,8 und 3,2. Die Vorteile von Boot 1 in Diagramm 1 liegen dann auf der Hand: Es ist auf Grund seiner Breite ein guter Raumschotssegler, allerdings wird es bei viel Lage schlecht kreuzen. Boot 2 dagegen wird gut an den Wind gehen, aber früh reffen müssen.

VERHÄLTNISSE: AM SCHREIBTISCH VERGLEICHEN

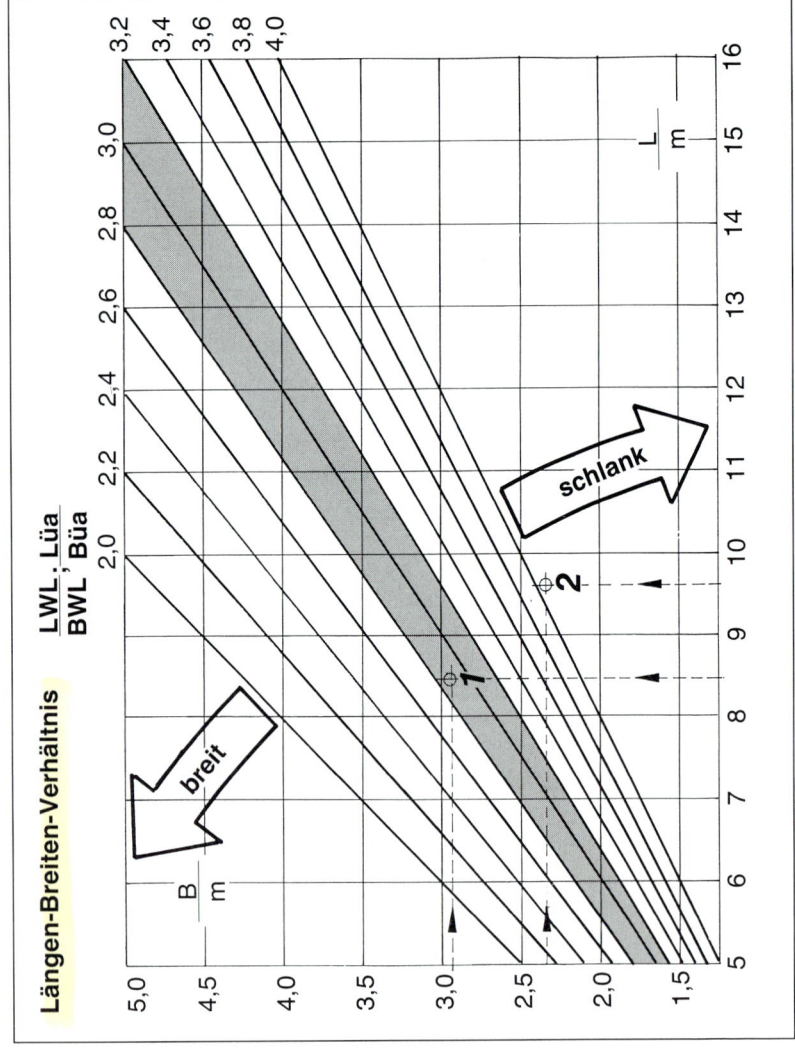

◀ *Diagramm 1*
Das Längen-Breiten-Verhältnis gibt Antwort, ob eine Yacht breit oder schlank geraten ist. Mit Werten zwischen 2,8 und 3,2 nennt man eine moderne Yacht normal, mit Werten darüber schlank, mit Werten darunter breit. Zur Bestimmung des Koeffizienten geht man mit der Bootsbreite von der senkrechten Achse nach rechts, mit der Bootslänge von der waagerechten Achse nach oben. Der Schnittpunkt zeigt, wo das dazugehörige Boot im Verhältnis zu anderen liegt.

Segelflächen-Wasserlinien-Verhältnis

Ist eine Yacht rank oder steif? Die Wasserlinienfläche aufgetragen über der Segelfläche gibt darüber Auskunft. Wiederum wird eine Tendenz deutlich. Da die Wasserlinienbreite, wie gesehen, ursächlich ist für die Form- oder Anfangsstabilität, signalisieren die Geraden des Diagramms 2 in Verbindung mit der Segelfläche so etwas wie ein Segeltragevermögen, das aber, genau genommen, nur für Boote mit hohem Formstabilitätsanteil gilt, insbesondere für Schwertboote und Kielschwerter. Bei Kielbooten kommt bei Krängung der Anteil der Gewichtsstabilität hinzu, so daß man besser auch die Verdrängung mit der Segelfläche ins Verhältnis setzt. In jedem Fall aber unterscheiden die Geraden zwischen einem ranken und einem steifen Boot und geben so Aufschluß über angenehmes oder ruppiges Seeverhalten; zu hohe Anfangsstabilität (Boot 1 in Diagramm 2) verhindert ja weiches Segeln in harten Böen. Eine sich abrupt wie ein Stehaufmännchen wiederaufrichtende Yacht ist nie angenehm für Mannschaft und Gerät. Die Geradenscharen des Diagramms geben auch an, wieviel Quadratmeter Tuch ein Boot je Quadratmeter tragender Wasserfläche besitzt, ob es über- oder untertakelt ist. Für den schnellen Vergleich von Booten – extreme Konstruktionen ausgenommen – ist es gut zu gebrauchen. Werte zwischen 2,2 und 2,6 stehen für Boote, deren Seeverhalten man als angenehm empfindet.

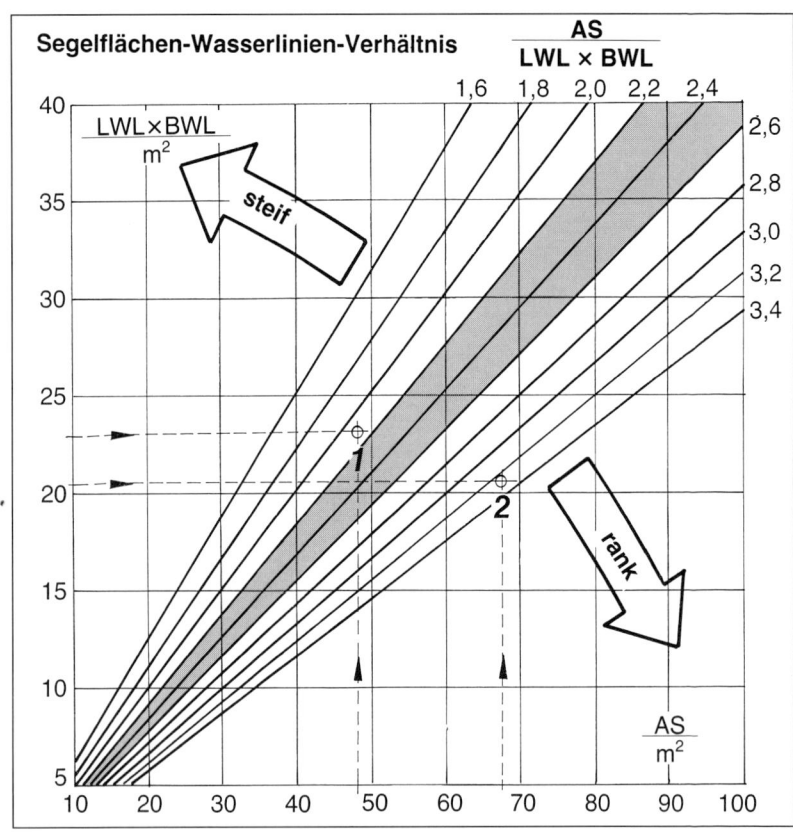

Diagramm 2
Die Segelfläche, ins Verhältnis zum Wasserlinienrechteck (aus LWL · BWL) gesetzt, läßt Rückschlüsse auf die Steifigkeit einer Segelyacht zu. Zwischen einem Koeffizienten von 2,2 und 2,6 reagiert sie mit normaler Krängung in Böen. Erreicht sie Werte über 2,6 holt sie unverhältnismäßig weit über; mit Werten unter 2,2 gilt sie als steif. Mit dem Produkt aus Wasserlinienlänge und Wasserlinienbreite geht man von der senkrechten Achse nach rechts und mit der Segelfläche (Groß und Genua I) von der waagerechten Achse nach oben. Der Schnittpunkt verrät, wie steif das Boot im Verhältnis zu anderen ist.

Längen-Verdrängungs-Verhältnis

Ist ein Boot leicht oder schwer? Die Verdrängung eines Bootes über seiner Länge aufgetragen, gibt einen Anhalt für die Unterteilung von Yachten in leichte und schwere Konstruktionen und damit bei gleicher Segelfläche in schnelle und langsame Boote. In der Fachliteratur findet man den Ausdruck $V/(LWL/10)^3$. In einem Diagramm aufgezeichnet, unterscheidet man hier zwischen Schwerdeplacement-Yachten, Normaldeplacements, Leichtdeplacements und Gleitbooten. Dieses Längen-Verdrängungs-Verhältnis ist ein Maß dafür, wieviel Bootsgewicht sich auf eine gegebene Wasserlinie verteilt. Eine Yacht vom Schwerdeplacementtyp ist dann ein Boot mit großer Verdrängung.

In das hier verwendete Schema paßt jedoch besser das umgekehrte Verhältnis $LWL / \sqrt[3]{V}$ (Diagramm 3). Die Koeffizienten eines Schwerdeplacement-Bootes liegen hier zwischen 4,0 und 5,0; Leichtbauyachten kommen dagegen auf Koeffizienten zwischen 6,0 und 8,0. Wegen seines geringen Bootsgewichts und der daraus resultierenden flachen Spantform segelt Boot 1 in Diagramm 3 bei viel Wind schneller als schwerere Konstruktionen. Bei wenig Wind dagegen wird Boot 2 schneller sein: Da der Reibungswiderstand bei langsamer Fahrt bis zu 70% des Gesamtwiderstands ausmachen kann, sind jetzt schmale Rümpfe mit wenig benetzter Oberfläche im Vorteil. Dazu übersteht Boot 2 Winddruck- und Wellenstöße besser und setzt wegen seiner scharfen Spantform weicher ein. Koeffizienten zwischen 5,0 und 6,0 deuten denn auch auf gute Allroundeigenschaften. Mit der Möglichkeit, etwas leichter oder doch etwas schwerer, sollte man seine Fahrtenyacht in diesem Bereich ansiedeln.

VERHÄLTNISSE: AM SCHREIBTISCH VERGLEICHEN

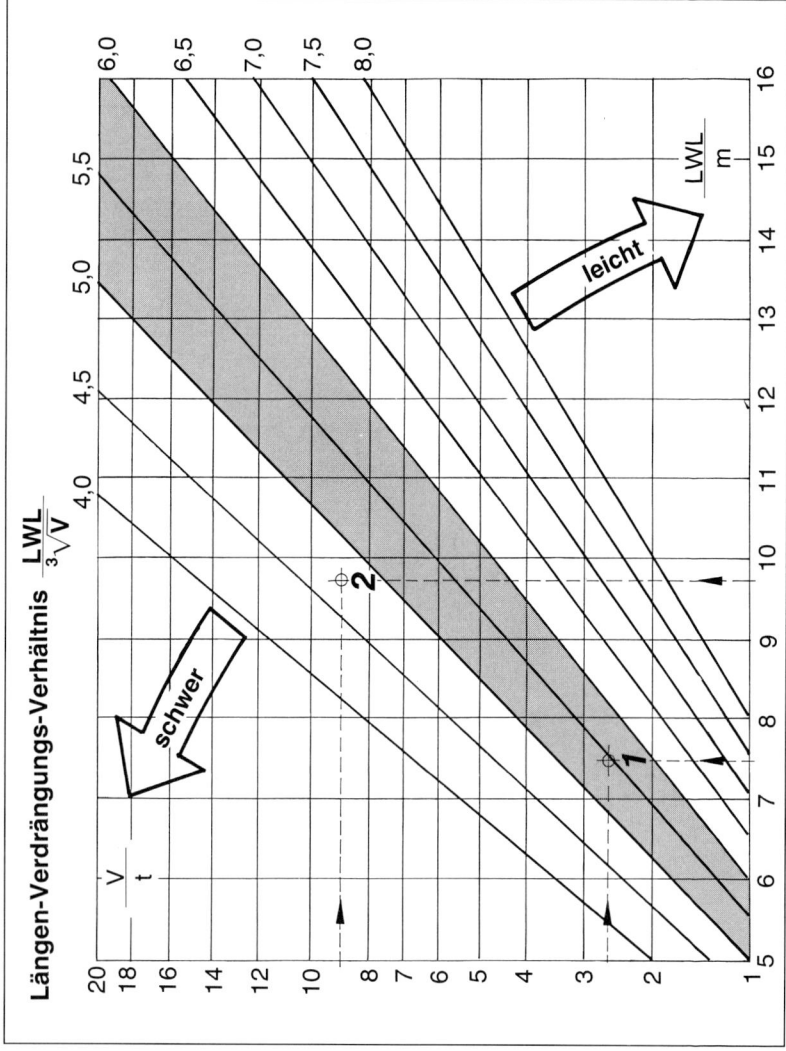

◀ *Diagramm 3*
Das Wasserlinien-Verdrängungs-Verhältnis sagt aus, wie schwer eine Yacht in Relation zu ihrer Wasserlinie ist. Moderne Yachten liegen zwischen den Koeffizienten 5,0 und 6,0; schwere Yachten unter 5,0, Leichtdeplacement-Yachten kommen auf Werte bis zu 8,0. Zur Bestimmung dieses Koeffizienten geht man mit der Verdrängung von der senkrechten Achse nach rechts und mit der Wasserlinienlänge von der waagerechten Achse nach oben. Der Schnittpunkt gibt an, ob man es mit einem (verhältnismäßig) leichten oder schweren Boot zu tun hat.

Segelflächen-Verdrängungs-Verhältnis

Mit der Frage: Ist mein Boot unter- oder übertakelt? kommt man zum Segelflächen-Verdrängungs-Verhältnis, zu Diagramm 4. Hier wurde die Verdrängung über der Segelfläche aufgetragen: $\sqrt{AS}/\sqrt[3]{V}$. Eine Aussage machen die Koeffizienten hier über die potentiell zur Verfügung stehende Vortriebskraft in bezug auf das Bootsgewicht. Die Segelfläche an die waagerechte Achse gelegt und die Verdrängung an die senkrechte, ergibt einen Schnittpunkt im Diagramm, der eine Tendenz aufzeigt. In alten Fachbüchern kursiert dieses Verhältnis als Segeltragezahl, und wirklich hängt die Größe der zu tragenden Fläche ja auch von der Verdrängung ab. Die Geraden lassen damit ein Urteil zu, wie schnell ein Boot bei mittlerem Wind segelt. Je höher der Wert, desto mehr Fahrtpotential steckt in einer Yacht.

Für die Beurteilung gilt, daß eine große Segelfläche (AS) mit hoher Bootsverdrängung (V) den gleichen Wert ergeben kann wie die kleine Segelfläche mit niedriger Verdrängung. Viel Segelfläche ist aber, gepaart mit hoher Verdrängung, bei leichtem Wind schneller. Bei viel Wind hat man jedoch meist wenig von einer großen Segelfläche, da gerefft werden muß. Als normal gelten Besegelungen mit Koeffizienten zwischen 3,8 und 5,0. Hier liegen die meisten Fahrtenyachten. Boot 1 in Diagramm 4 wäre dann übertakelt, während die Standardbesegelung von Boot 2 mit normal bezeichnet werden kann. Untertakelt sind heute nicht einmal mehr moderne Motorsegler.

VERHÄLTNISSE: AM SCHREIBTISCH VERGLEICHEN

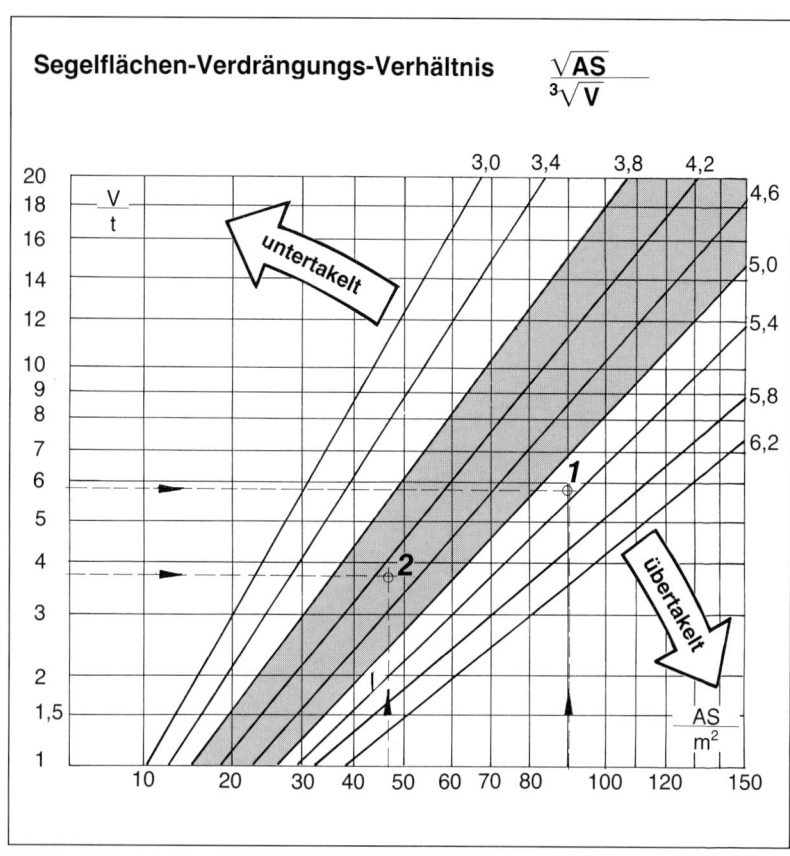

Diagramm 4
Die Segelfläche im Verhältnis zur Verdrängung ergibt eine sogenannte Segeltragezahl, eben ob eine Yacht (verhältnismäßig) wenig oder viel Segelfläche trägt. Yachten mit heute üblicher Besegelung erreichen Koeffizienten zwischen 3,8 und 5,0. Als untertakelt gelten Boote mit einer Segeltragezahl von weniger als 3,8; als übertakelt solche mit höheren Zahlen als 5,0. Man erhält die Segeltragezahl aus dem Diagramm, wenn man mit der Verdrängung von der senkrechten Achse nach rechts und mit der Segelfläche von der waagerechten Achse nach oben geht.

Segelflächen-Längen-Verhältnis

Zählt mein Boot zu den schnellen oder zu den langsamen Yachten? Der Koeffizient, der die Segelfläche in Relation zur Wasserlinienlänge setzt ($\sqrt{AS}$/LWL), sagt etwas über die Vortriebskraft im Verhältnis zur Bootslänge aus. Länge läuft, diese Schiffbauerregel meint die wirksame Wasserlinie einer Yacht; die Rede ist von der Rumpfgeschwindigkeit. Damit ein Boot sie erreicht, ist ausreichend Tuch nötig. Ein hoher Segelflächen-Längen-Koeffizient signalisiert genügend Segel, um eine gegebene Wasserlinie auszunutzen. In der Regel sind dazu Koeffizienten zwischen 0,8 und 1,0 nötig. Werte darunter charakterisieren einen langsamen Verdränger und sind nur noch selten zu finden; Werte darüber (Boot 1 in Diagamm 5) beschreiben die schnellen Verdränger.

Segelgeschwindigkeits-Wasserlinien-Verhältnis

Wie schnell segelt eine Yacht denn nun aufgrund ihrer Wasserlinie? Die Länge in der Wasserlinie in Metern über der Geschwindigkeit in Knoten aufgetragen, macht das deutlich $v_S/\sqrt{LWL}$. Für schwere Boote mit reinen Verdrängerlinien sind Besegelungen zwischen acht und zwölf Quadratmetern pro Tonne Schiff nötig, um auf Geschwindigkeiten von 2,43 $\sqrt{LWL}$ zu kommen; durchschnittlich bringen es diese Kreuzeryachten auf Fahrtleistungen von 1,63 $\sqrt{LWL}$. Erst größere Segelfläche ermöglicht höhere Leistungen. Eine Geschwindigkeitssteigerung ist erstens durch größeres Segeltragevermögen, also größere Stabilität, und zweitens mit kleinerem Längen-Verdrängungs-Verhältnis möglich (Diagramme 4 und 3). Dann erreichen Schwerdeplacement-Yachten Geschwindigkeiten bis zu 2,72 $\sqrt{LWL}$, Leichtbauten bis zu 3,62. Nur Ultralights, extreme Leichtbauten und Jollen, kommen über längere Zeit ins Gleiten und damit auf Geschwindigkeiten von 4,88 $\sqrt{LWL}$, wie an einem Flying Dutchman

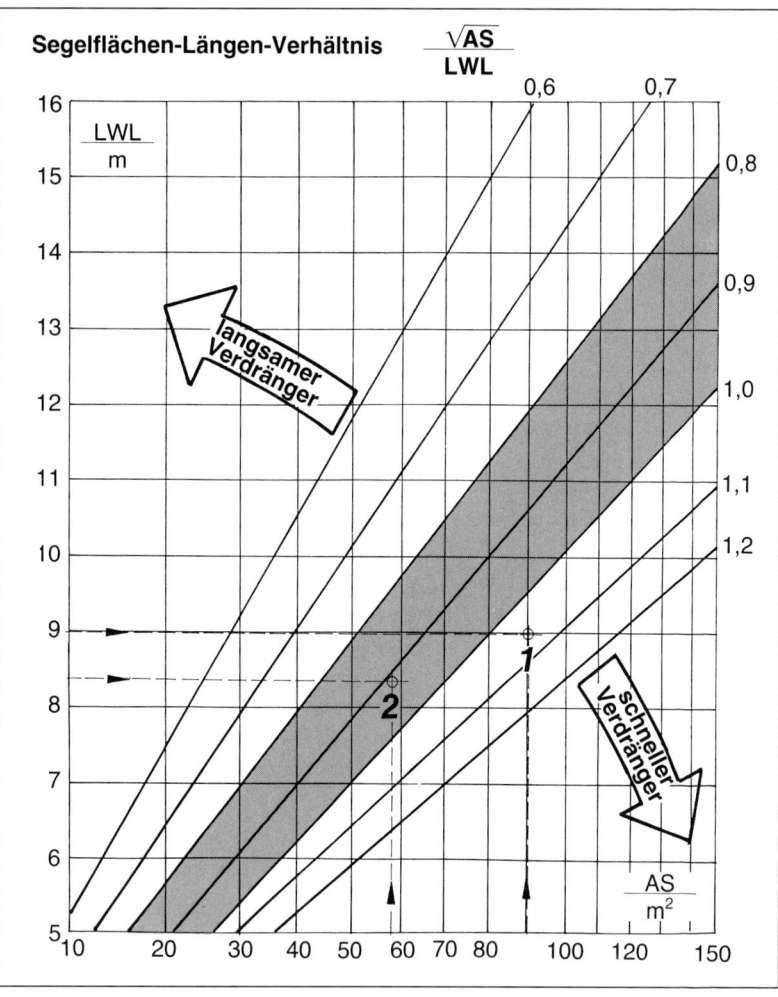

Diagramm 5
Das Segelflächen-Wasserlinienlängen-Verhältnis macht die Abhängigkeit der Geschwindigkeit einer Yacht von ihrer LWL deutlich. Danach gibt es schnelle und langsame Verdränger; je höher der Koeffizient, desto schneller das Schiff. Die Länge der Wasserlinie von der senkrechten Achse nach rechts geführt und die Segelfläche von der waagerechten nach oben, ergibt als Schnittpunkt, ob eine Yacht (verhältnismäßig) schnell oder langsam segelt – im Vergleich zu anderen.

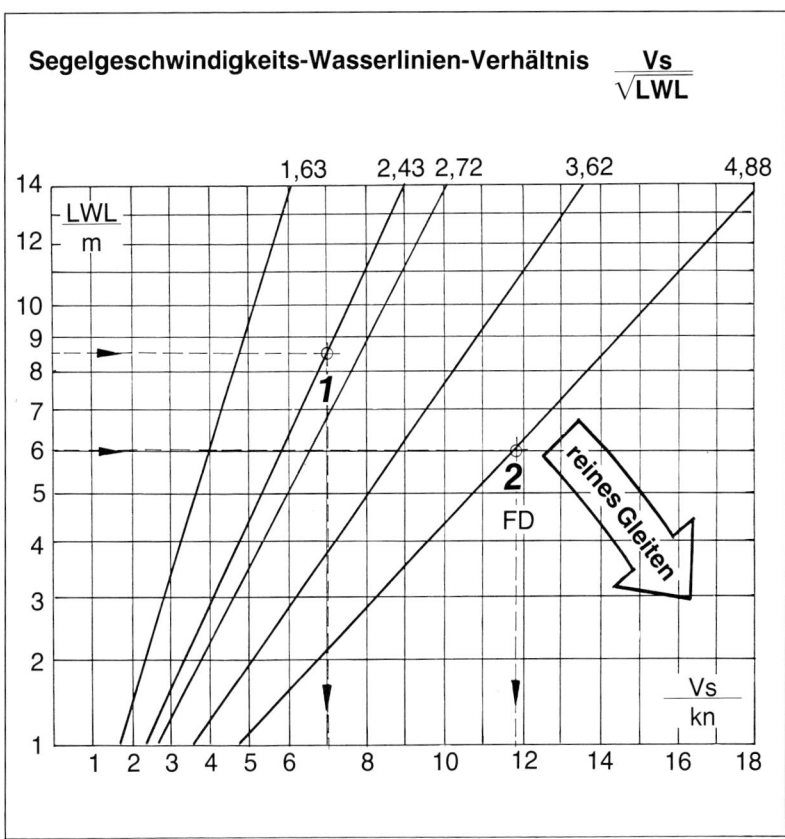

Diagramm 6
Die Bootsgeschwindigkeiten zu den Wasserlinienlängen ins Verhältnis gesetzt, ergeben die sogenannte Froude'sche Zahl, einen Wert, der die Fahrtleistung von Booten kennzeichnet. Danach steht die Zahl 1,63 für die durchschnittliche Leistung einer Kreuzeryacht. 2,43 ist der bekannte Faktor für die Geschwindigkeit einer Welle, entsprechend der Rumpfgeschwindigkeit. Schwere Yachten können maximal bis an die Linie 2,72 kommen, Leichtdeplacement-Yachten bis an den Wert 3,62. Jetzt beginnt der Gleitzustand, der mit der Zahl 4,88 erreicht ist. Zur Bestimmung der Geschwindigkeit einer Yacht geht man mit der Wasserlinienlänge von der senkrechten Achse so weit nach rechts, bis die passende Gerade erreicht ist: 2,43 für schwere, 2,72 für leichte Yachten. Für ultraleichte Yachten geht man bis zur Geraden 3,62. Die Senkrechte von diesem Schnittpunkt auf die waagerechte v_S-Achse ergibt die zu erwartende Bootsgeschwindigkeit in Knoten.

gemessen (Boot 2 in Diagramm 6). Der Geschwindigkeits-Wasserlinien-Koeffizient macht deutlich: Zuverlässig sind hohe gesegelte Geschwindigkeiten nur mit großen Wasserlinienlängen; denn extrem leichte Fahrtenschiffe gibt es nicht. Das Diagramm gibt denn auch den schnellen Überblick über die zu erwartende Geschwindigkeit eines bestimmten Bootstyps.

Diagramme:
Am Schreibtisch auswerten

Verhältniszahlen machen jede für sich über eine einzelne Bootseigenart eine Aussage. Ein Diagramm mit den Parametern Wasserlinienlänge, Segelfläche und Verdrängung setzt die drei wichtigsten für die Fahrtleistung einer Yacht zuständigen Faktoren in Relation: Mit den Koeffizienten der vorausgegangenen Diagramme 3, 4 und 5 kommt man auf das Fahrtleistungsdiagramm:

$\sqrt{AS}/LWL \cdot LWL/^3\sqrt{V} = \sqrt{AS}/^3\sqrt{V}$.

Ebenfalls ein Diagramm, wenn auch ein unkonventionelles, ist der Versuch, die Eigenschaften einer Yacht so darzustellen, daß sie dem Betrachter sozusagen auf den ersten Blick kund tun, wie es um sie steht. Die dazu gehörigen Skizzen kann jeder selbst zu Papier bringen.

Fahrtleistungs-Diagramm

Die Leistung einer Yacht hängt von mehreren Faktoren ab. Leicht zu bestimmen sind LWL, AS und V. An Hand dieser Prospektangaben kann man mit dem Fahrtleistungs-Diagramm das zu erwartende Geschwindigkeitspotential im Vergleich zu anderen bestimmen – realistischer, als mit der bloßen Rumpfgeschwindigkeit. In der Regel geht das so gut, wie wenn man die Boote gegeneinander segeln würde. Der theoretische Vergleich basiert wiederum auf der Wasserlinienlänge. Auf Vorm-Wind-Kursen bei starkem Wind gerät die LWL sogar zur einzigen geschwindigkeitsbegrenzenden Größe – von der Festigkeit des Riggs einmal abgese-

DIAGRAMME: AM SCHREIBTISCH AUSWERTEN

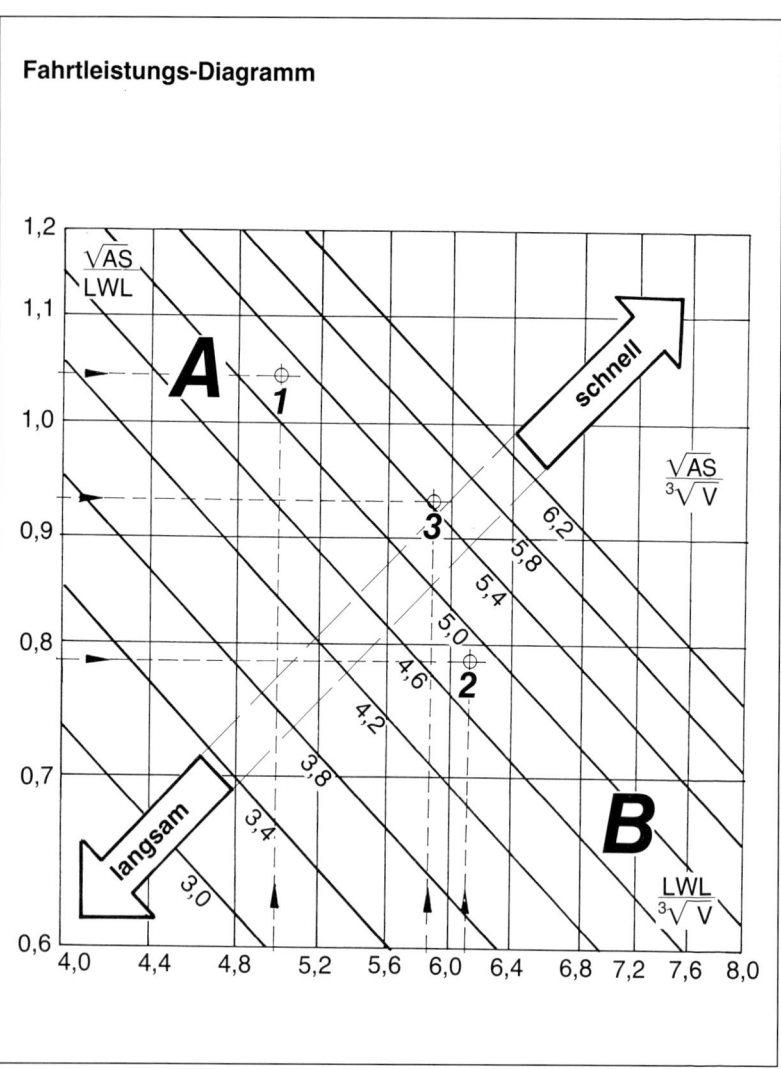

◀ *Diagramm 7*
Dieses Fahrtleistungs-Diagramm beinhaltet die geschwindigkeitsbestimmenden Faktoren Wasserlinienlänge (LWL), Segelfläche (AS) und Verdrängung (V). Mit den Verhältniszahlen $LWL/\sqrt[3]{V}$ und $\sqrt{AS}/LWL$ kommt man auf die Fahrtleistung: Von der senkrechten Achse nach rechts, beziehungsweise der waagerechten Achse nach oben abgetragen, gibt der Schnittpunkt beider Linien das Fahrtpotential an. Ein Boot auf der Geraden-Treppe rechts oben ist damit das schnellste, mittlere Windstärke vorausgesetzt. Es besitzt, auf seine Wasserlinie bezogen, die größte Segelfläche und die geringste Verdrängung. Yachten im Bereich A sind Leichtwetterschiffe (sie besitzen viel Segelfläche bei hoher Verdrängung), Yachten im Bereich B können eine Mütze Wind mehr vertragen (sie verdrängen weniger und tragen wenig Tuch).

hen. Für ihre volle Ausnutzung stehen die hohen Verhältniswerte von Segelfläche zur Wasserlinienlänge; im Koordinatensystem des Diagramms 7 wurden sie an der senkrechten Achse aufgetragen. Zum ebenfalls geschwindigkeitsrelevanten Faktor gerät die Verdrängung eines Bootes, wie bei den entsprechenden Koeffizienten bereits gesehen: Die Längen-Verdrängung, als Maß für das über die Wasserlinie verteilte Gewicht, wurde im Koordinatensystem auf die waagerechte Achse aufgetragen. Fehlt nur noch das dritte Argument, das Verhältnis von Segelfläche zur Verdrängung. Dieses sogenannte Segeltragevermögen einer Yacht taucht als Geraden-Leiter – von unten links nach oben rechts – wieder auf.

Mit diesem Diagramm nun lassen sich die Fahrteigenschaften aller möglichen Segelyachten bestimmen. Je höher ein Boot aufgrund seiner Hauptmerkmale die Geraden-Leiter hochklettert, desto schneller wird es bei mittlerem Wind segeln. Dabei gibt die senkrechte Achse an, wenn eine Yacht wegen ihrer großen Segelfläche schnell ist, die waagerechte Achse signalisiert, wenn ein Boot aufgrund seiner Leichtbauweise hohe Geschwindigkeit erzielt. Schnelle Boote stehen damit rechts oben, langsame links unten; schwere zudem links, untertakelte unten. Ein gutes Allroundboot wird immer in der Mitte des Koordinatensystems stehen. Ablesen kann man auch, ob man es mit ausgesprochenen Flautenläufern zu tun hat, wie Boot 1 in Diagramm 7, oder ob ein Schiff mehr Wind braucht wie Boot 2. In dem Diagramm zeigt Boot 3 die besten Allroundeigenschaften.

Vergleicht man diese theoretischen mit ersegelten Werten, dann gleichen sie sich tatsächlich. Wie gesagt, Yachtkonstrukteure gehen ebenso vor – nur in umgekehrter Reihenfolge. Für die nachfolgenden Testfahrten weiß der kaufwillige Segler auf jeden Fall schon einmal, welche voraussichtlichen Eigenschaften sein Probeboot hat: Mit einem aus dem Diagramm 7 „unten rechts" nämlich braucht er bei wenig Wind gar nicht erst loszusegeln.

Eigenschaften auf einen Blick

Um den Charakter einer Yacht an Hand ihrer Hauptmerkmale schon auf den ersten Blick zu erkennen, hat der bekannte Konstrukteur und Zeichner Robbert Das bereits 1966 in der Zeitschrift YACHT ein zeichnerisches Verfahren entwickelt, das es erlaubt, direkte Vergleiche von Yachten untereinander anzustellen. Es basiert auf grundsätzlichen physikalischen Gegebenheiten und wurde durch Erfahrungen erhärtet. Dazu zeichnet man, am besten im Maßstab 1:50, den Schiffsrumpf auf, bestehend aus LOA und LWL und einem Freibord von 0,1 LWL (wie aus der Skizze ersichtlich). Alsdann schlägt man (immer im gleichen Maßstab) mit der halben BWL einen sogenannten Breitenkreis und einen ebensolchen Verdrängungskreis mit $0{,}5\sqrt[3]{V}$. Hier kann man noch den Ballastanteil als Winkel eintragen, der sich zum 360-Grad-Vollkreis verhält, wie der Ballast zur Verdrängung.

Nach Zeichnen des Schaubildes mit den maßstäblichen Längen, dem Abtragen der ▶
Segelfäche und Auftragen des Verdrängungs- und Breitenkreises (nach der Konstruktionsbeschreibung), sind folgende Bootseigenschaften ablesbar: 1) großes Segeldreieck (wie I) – übertakelt, 2) kleines Segeldreieck (wie II) – untertakelt, 3) flache Tangente A' – schnelles Boot (je flacher, desto schneller), 4) steile Tangente A – langsames Boot (je steiler, desto langsamer), 5) Tangente B über der Wasserlinie – Leichtdeplacement, 6) Tangente B' unter der Wasserlinie – Schwerdeplacement. Es geht auch hier um Verhältnisse von AS, V und LWL.

Eigenschaften auf einen Blick

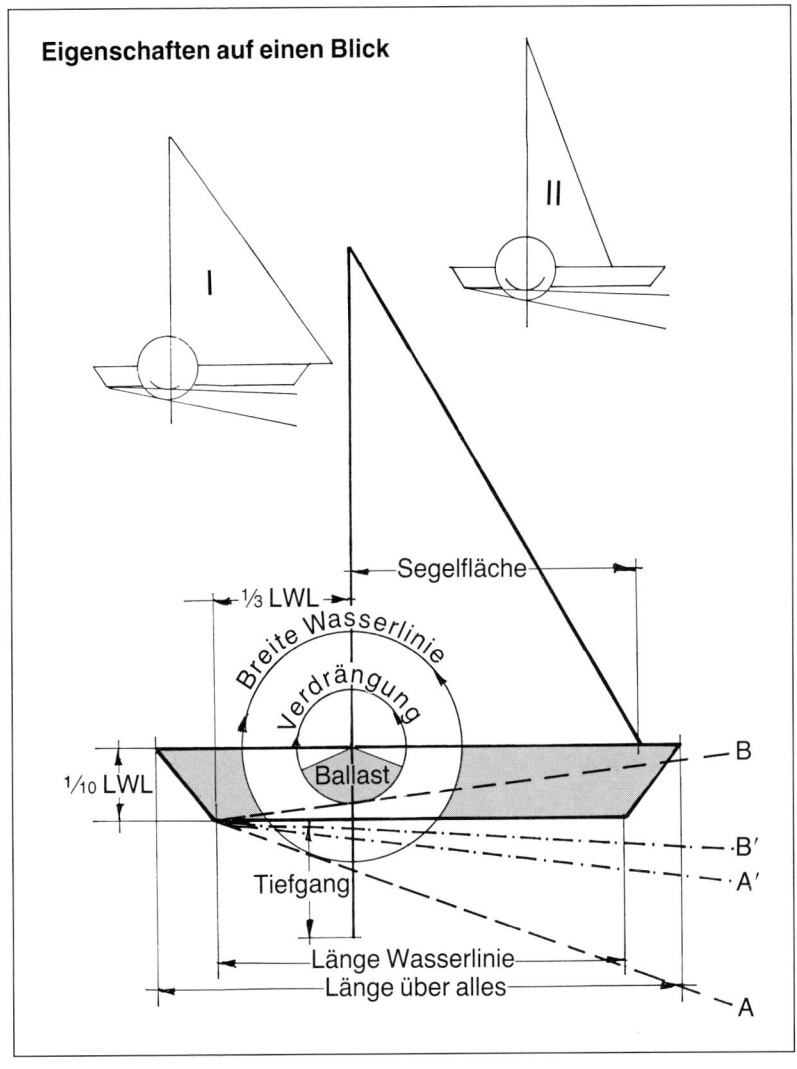

Das Vorliek des Segels wird im Abstand von ⅓ LWL von vorn eingezeichnet. Seine Länge l ergibt sich auch aus 2 · $0{,}75\sqrt{AS}$; AS für die Segelfläche, der Faktor 0,75 für das Großsegel, das hier lediglich betrachtet werden soll. Das Unterliek zeichnet man dann mit der einfachen Länge aus $0{,}75\sqrt{AS}$ ein. Von der Eintrittskante der LWL wird dann eine Tangente A an den Breitenkreis und eine Tangente B an den Verdrängerkreis gelegt. Robbert Das' Vergleichsschiff ist fertig.

Aus dem Dreieck der Segelfläche kann man ersehen, ob eine Yacht über- oder untertakelt oder ausgewogen getakelt ist. Schließt nämlich das Achterliek des symbolischen Segels mit der Wasserlinie ab, ist die Besegelung für mittlere Wind- und Seeverhältnisse gedacht. Die beiden kleineren Abbildungen zeigen ein übertakeltes (I) und ein untertakeltes Boot.

Die Linie A (Tangente zum Breitenkreis) soll einen ungefähren Eindruck vom Wellenbild geben. Die Größe des Winkels, mit dem sie nach achtern verläuft, wird von der Rumpfbreite bestimmt. Damit läßt die Linie A vage Schlüsse auf die Schnelligkeit der Yacht zu (flache Tangente), zumindest aber, ob sie schlank oder breit ist: je spitzer der Winkel, desto schlanker das Boot.

Die Linie B als Tangente an den Verdrängerkreis veranschaulicht das Verhältnis von Wasserlinienlänge zur Verdrängung. Sie ist deshalb Anhaltspunkt, ob ein Schiff schwer oder leicht ist. Einher damit geht die Möglichkeit einer Yacht, in den Gleitzustand zu kommen.

Nach dem Schaubild sind Geschwindigkeiten über $2{,}43\sqrt{LWL}$ nicht möglich, wenn die Linie B unterhalb der Wasserlinie liegt. Hier ist die Erfahrung eingegangen, daß ein Kielboot nur dann schneller ist, wenn die Wasserlinie in Metern das fünffache oder mehr der Verdrängung in Tonnen beträgt.

Die so symbolisch aufgezeichnete Yacht ist natürlich keine Konstruktionszeichnung. Sie dient lediglich dazu, zu vergleichende Schiffe auf einen Nenner zu bringen und gleichzeitig optisch erfaßbar zu machen.

Fahrdaten: Auf dem Wasser ausprobieren

Um eine Yacht richtig kennenzulernen, ist es unerläßlich, sie auch zu fahren. Alles bisher Gesagte dient denn auch lediglich als Krücke, eine Yacht zu beurteilen, ohne sie unter den Füßen zu spüren. Es mag der Weg gewissermaßen hin zur Krönung sein, eine Yacht endlich zu segeln. Mit den erworbenen theoretischen Kenntnissen wird man sie mit offeneren Augen beurteilen, kann man manche ihrer Eigenschaften voraussehen und wird sie deshalb in praxi intensiver erleben. Ob einem die eine oder andere Eigenschaft, die man theoretisch negativ beurteilte dann doch gefällt, ist eine andere Sache. Wichtig ist nur, Theorie und Praxis zusammenzubringen.

Unter Segeln

Die Eigenschaften einer Segelyacht, gute Geschwindigkeit, Höhe am Wind, Manövrierfähigkeit und so weiter, kennenzulernen, ist eine Sache, die Erfahrung braucht und Zeit. „Testboote" indessen kann man selten lange in Besitz nehmen, sei es auf den Messen, wo man sie in ihrem Element besichtigen kann, oder im Werfthafen. Meist sind dann noch andere Kunden mit an Bord, so daß solche Fahrten zur Vorführschau eines sich mit dem Boot ohnehin auskennenden Werftmannes geraten. Da ist es nötig, sich Standardmanöver zurechtzulegen, die auch in kürzerer Zeit Aufschluß über den Charakter einer Yacht geben.

Geschwindigkeit

Voraussetzung, auf praktischem Wege hinter das Geschwindigkeitspotential einer Segelyacht zu kommen, sind ein Speedometer und ein Kompaß. Diese Instrumente gehören heute zur normalen Ausrüstung einer Yacht. Schwieriger wird es manchmal mit dem Wind: Bei ausreichend gesetztem Tuch muß er so stark wehen, daß das Boot auf raumem Kurs seine Rumpfgeschwindigkeit erreichen kann. Man erkennt sie am

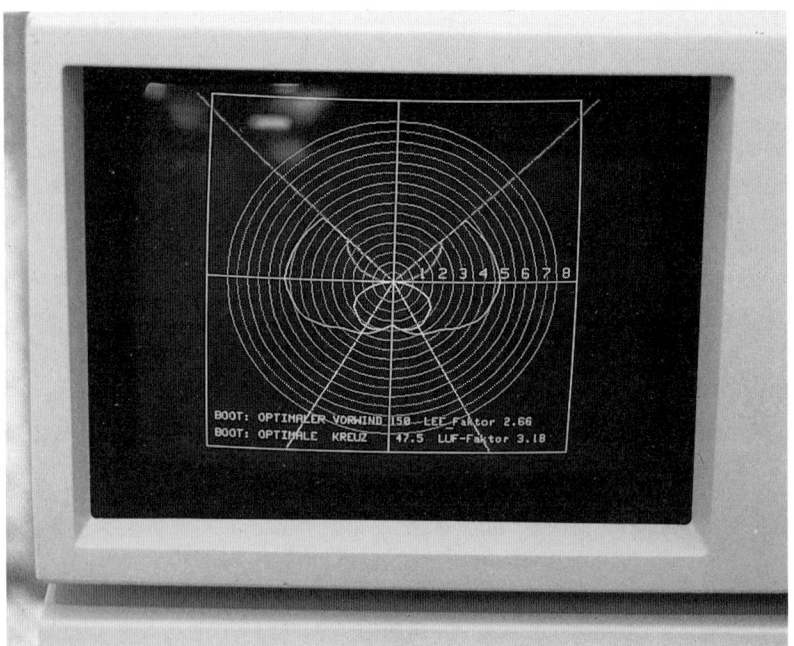

Polardiagramme zeichnet heute der Computer. Im Prinzip sind dazu nur die drei Hauptkurse am Wind, raum und vorm Wind nötig. Gleichzeitig ergeben sich die optimalen Kurse am Wind und vorm Wind mit den dazugehörigen Luv- beziehungsweise Leegeschwindigkeiten. Mit dem Bildschirm an Bord braucht man den optimalen Kurs nur noch nachzuvollziehen.

Wellenberg direkt unter dem Heck, wenn das Heckwasser ohne Wirbel in einem sanften Tal von der unteren Spiegelkante abläuft. Jetzt fährt das Schiff $2,43 \sqrt{LWL}$ Knoten.

Der Vergleich dieser Geschwindigkeit mit der auf dem Speedometer angezeigten ergibt einen Korrekturfaktor, der 1 ist, wenn wahre Fahrt und Speedometergeschwindigkeit gleich sind. Für unterschiedlich angezeigte Geschwindigkeit ergibt der Korrekturfaktor sich aus dem Quotienten $v_{wahr}/v_{Speedometer}$, also aus der wahren geteilt durch die gemessene Geschwindigkeit. Damit ist der Geschwindigkeitsanzeiger zwar nicht geeicht (für andere Kurse und Geschwindigkeiten mögen die Unterschiede geringfügig differieren), für den Test aber reicht es. Jetzt segelt man drei Kurse: Hoch am Wind, 90° vom Wind und vor dem Wind, wobei man immer darauf achten muß, ob ein Geschwindigkeitszuwachs von einer Bö herrührt oder ob der Rudergänger etwas mehr abgefallen ist. Die drei Durchschnittsgeschwindigkeiten zeigen schon das Geschwindigkeitspotential einer Yacht. Diese Prozedur bei weniger Wind oder bei gleicher Windstärke mit gerefftem Tuch gibt gleichzeitig Aufschluß über ein Leichtwetterschiff. Hat man Glück, und es brist auf, liegt auch die Abschätzung der Schwerwettereigenschaften drin: Ein gutes Allroundboot sollte seine Am-Wind-Besegelung bis zu 4 Beaufort gut tragen können.

Mit den Geschwindigkeiten für drei Kurse ist es dann auch schon möglich, ein sogenanntes Apfeldiagramm zu zeichnen. Mehr Kurse sind natürlich besser. Wenn man aber davon ausgeht, daß die Geschwindigkeit eines Durchschnittsbootes zwischen 45° am Wind und raum (90°) maximal um 1 Knoten Fahrt differiert, zwischen platt vorm Laken (180°) und auf der Kreuz vorm Wind (135°) maximal um 2 Knoten, dann hat man damit schon zwei Punkte mehr für dieses Polardiagramm.

Höhe am Wind

Die Höhe am Wind läßt sich auf dem Kreuzgang leicht mit dem Kompaß feststellen: Während ungefähr fünf Kreuzschlägen mißt man den Wendewinkel. Durch 2 geteilt, ergibt er die Höhe am Wind. Sie liegt zwischen 38° und 45°, den kleinen Wert für schlanke Boote mit gutem Kielprofil, aber auch für scharfgeschnittene Langkieler, und den hohen Wert für plumpe Motorsegler. Dazwischen liegen alle anderen Typen.

Die optimale Höhe am Wind, der Winkel zum wahren Wind also, der zwischen extremen Höhekneifen und einer akzeptablen Fahrt voraus liegt, ermittelt man aus dem Polardiagramm: Es zeigt augenfällig, wie stark die Geschwindigkeit des Bootes bei mehr Höhe zurückgeht. Der optimale Höhenwinkel ergibt sich dann durch Anlegen einer waagerechten Tangente an die Schiffsgeschwindigkeitskurve (Polardiagramm).

Zielgeschwindigkeit nach Luv

Bei der Fahrtleistung einer Yacht am Wind kommt es nicht auf ihre maximale Geschwindigkeit an. Wichtig allein ist die Zielgeschwindigkeit nach Luv, wenn man so will, die maximale Luvgeschwindigkeit, wie sie nach Anlegen der Tangente aus dem Apfeldiagramm ablesbar ist. An Bord bekommt man die Zielgeschwindigkeit v_{Luv} aus der Ablesung der Fahrtgeschwindigkeit v_S und gleichzeitiger Bestimmung des Kurswinkels zum wahren Wind. Per Definition ist sie dann das Produkt aus Geschwindigkeit und dem Kosinus des Kurswinkels.

Mit den Gebern für Wind- und Bootsgeschwindigkeit zeigen viele Windmeßgeräte auch den Luvgewinn (VMG) an. Hier ein Kombigerät von Silva.

UNTER SEGELN

Entsprechend ergibt sich eine Zielgeschwindigkeit nach Lee: Vor dem Wind lohnt es sich ebenfalls zu kreuzen.

Viele Segelinstrumente verarbeiten an Bord bereits Fahrtgeschwindigkeit und Kurswinkel, so daß auch auf einem Testboot die Zielgeschwindigkeit womöglich ablesbar ist. Eine gute Am-Wind-Leistung attestiert man einer Segelyacht mit einer großen Luvgeschwindigkeit bei einer gegebenen Geschwindigkeit des wahren Windes v_W. Je größer das Verhältnis v_{Luv}/v_W, desto größer sind beispielsweise die Erfolgsaussichten einer Yacht auf einem Dreieckskurs, desto wirkungsvoller – was ihre Querkraft angeht – sind aber auch Kiel und Ruder und natürlich die Segel.

Drehkreis

Eine gute Möglichkeit, Schlüsse auf die Manövriereigenschaft einer Yacht zu ziehen, ist das Fahren eines Drehkreises: Aus einem Am-Wind-Kurs mit maximaler Geschwindigkeit wird, ohne die Segel zu betätigen, ein Vollkreis mit Hart-Ruder gefahren und die Zeit gestoppt. Zwischen 20 und 30 Sekunden benötigen leichte Boote mit schmalen Kielflossen und frei aufgehängtem Spatenruder, etwa zwischen 30 und 40 Sekunden Flossenkieler mit Vorflosse vor dem Ruder, und über 40 bis hin zu 60 und mehr Sekunden brauchen schwere Boote mit Langkiel.

Ein konstruktives Problem, das sich beim Fahren des Drehkreises immer wieder zeigt, ist ein Boot zu finden mit einem Höchstmaß an Manövrierfähigkeit und gleichzeitiger hoher Richtungsstabilität. Alle gängigen Kompromisse liegen dazwischen. Ein anderer Faktor, der sich beim Drehkreis zeigt, ist die Wirkung des Ruders: Liegen die vertikale Drehachse des Rumpfes (meist kurz hinter Vorderkante Kiel) und der Ruderdruckpunkt nicht weit genug auseinander, dann reagiert das Boot träge.

Abdrift

Gutes Indiz für die Wirksamkeit von Kiel und Ruder, der Segelkraft die nötige Querkraft im Wasser entgegenzusetzen, ist die Abdrift eines Boo-

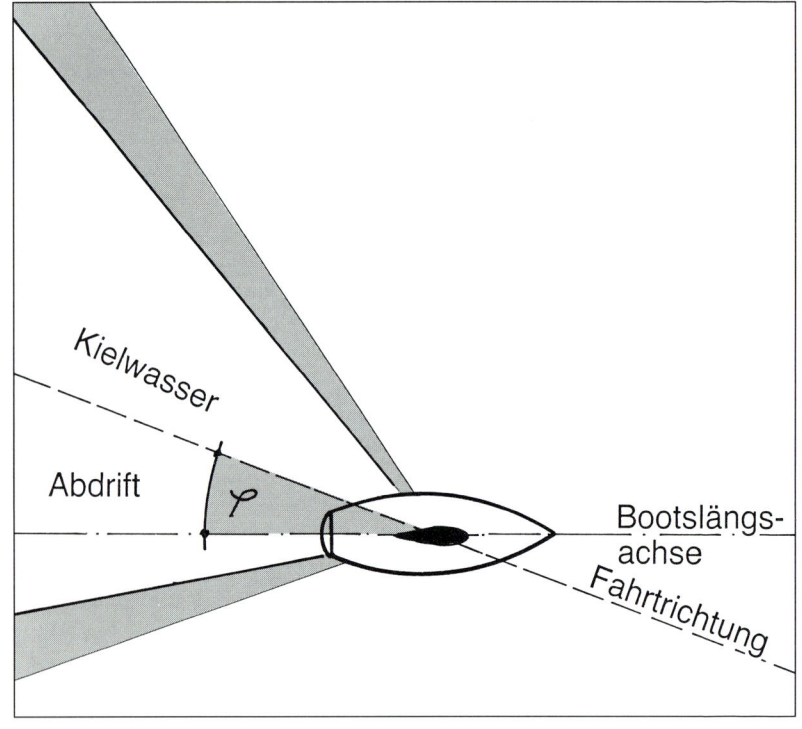

Die Abdrift eines Bootes ist nur schwer zu messen; man hilft sich mit dem Peilen des Winkels ϙ zwischen Bootslängsachse und Kielwasserachse.

tes – je weniger desto besser. Für die exakte Bestimmung der Schiffsgeschwindigkeit und den wirklichen Schiffskurs zum scheinbaren und wahren Wind, wird die jeweilige Abdrift eines Bootes ebenso relevant, wie bei der Ermittlung der Luvgeschwindigkeit. Das Messen der Abdrift ist jedoch schwierig. Messungen müßten vor oder weit hinter dem Schiff im ungestörten Wasser erfolgen.

Vorerst bleibt die Möglichkeit, die Abdrift mittels Peilen des Fahrwassers achteraus und der Schiffslängsachse zu bestimmen. Ein kleiner gepeilter Winkel signalisiert dann ausreichende Lateralfläche mit guter Höhe am Wind. Bei großen Winkeln heißt es aufpassen beim Einparken in die Box: diese Schiffe treiben quer.

Krängung

Früher galt es als normal, wenn eine Yacht sich am Wind bis zur Scheuerleiste weglegte, also schon bei relativ wenig Wind krängte. Boote mit großen Überhängen (Beispiel: Schärenkreuzer oder das Drachenboot) sollen sogar krängen, verlängert das doch ihre Wasserlinie. Moderne breite Flossenkieler verfolgen genau das gegenteilige Konzept: Sie haben ihre optimalen Linien im Wasser, wenn sie aufrecht gesegelt werden. Sie halten nur mit frühem Reffen ihre Geschwindigkeit. Viel Krängung macht sie zudem luvgierig und schlecht steuerbar, da ihr Ruder schnell aus dem Wasser kommt.

Eine ausreichende Steifigkeit ist deshalb notwendig, will man als Fahrtensegler nicht permanent auf der hohen Kante hocken. Steifigkeit erkennt man bereits, wenn man auf die Kante auch einer Zehn-Meter-Yacht tritt. Ob rank oder steif, hat indessen nichts mit dem Stabilitätsumfang einer Yacht zu tun. Erst mit zunehmender Krängung beginnt ja der Ballast zu wirken. Bei modernen Kreuzern liegt der Reffpunkt bereits bei 30° Krängung, während man mit den schlankeren Lang- und gemäßigten Kurzkielern bis 50° weitersegeln kann.

Segelleistung nach Vergleichswerten

Kann man die schnelle Abschätzung der Segelleistung nicht einem Computer überlassen? Einen solchen Rechner gibt es. Die Mikroelektronik hat auch der Yacht-Navigationsecke eine reiche Auswahl von Meßinstrumenten beschert. Doch so gut die Elektronik ist, an Bord sind die Messungen von Wind- und Wasserparametern einer Reihe von Fehlern unterworfen, wie unterschiedliche Anströmung während der verschiedenen

Kurse, Stampf- und Gierbewegungen des Schiffes am Log und Krängung und Aufwärtsbewegung der Luftströmung durch das Segel am Windanzeiger, um nur einige zu nennen. An der Technischen Universität Berlin hat der Professor für Hydrodynamik, Dr. Ing. H. Brandt, ein Rechenverfahren entwickelt, das Vergleiche mit ähnlichen Schiffen anstellt und durch ein Leistungsverhältnis auf die Segelleistung einer Yacht kommt. Dazu benötigt der Rechner die Schiffsdaten Länge in der Wasserlinie, Breite in der Wasserlinie, Segelfläche und Verdrängung, mit denen auch das Fahrtleistungs-Diagramm von Seite 102 seine Vergleiche anstellt. Zusätzlich können in den Rechner noch zwei Korrekturfaktoren eingegeben werden für Schiffswiderstand und Segelgüte. Zusammen mit den gemessenen Werten von Log und Windanzeiger berechnet das Programm eine Segelleistung, die sich nicht auf die Bestimmung der augenblicklich gesegelten Luvgeschwindigkeit beschränkt, sondern auch die theoretische Schiffsgeschwindigkeit eines Vergleichsschiffes mit denselben Ausgangsdaten für Schiffsgeschwindigkeit, Windwinkel und Abdrift mit einbezieht.

Als Besonderheit gehen zudem Beiwerte für Widerstand und Vortrieb ein, deren Daten in langen Meßreihen gesammelt wurden. Damit berücksichtigt das Rechenprogramm die aerodynamischen Kräfte des Segels, die Segeltragfähigkeit, also Stabilität einer Yacht, und die gesamte Palette der Widerstände wie Schlepp- und Windwiderstand, Abdrift und Krängung. Das Wesen dieser Segelleistungsberechnung ist es dann, daß die Vortriebskraft der hydrodynamischen Widerstandskraft der Yacht entspricht und damit eine theoretische Schiffsgeschwindigkeit liefert. Der deutsche Instrumentenhersteller VDO baut diesen Rechnerbaustein. Aber kann der die persönliche Beurteilung und Intuition ersetzen?

Unter Motor

Mit immer enger werdenden Häfen wird das Manövrieren mit dem Motor wichtig, denn in den wenigsten Häfen kann man noch unter Segeln an-

UNTER MOTOR

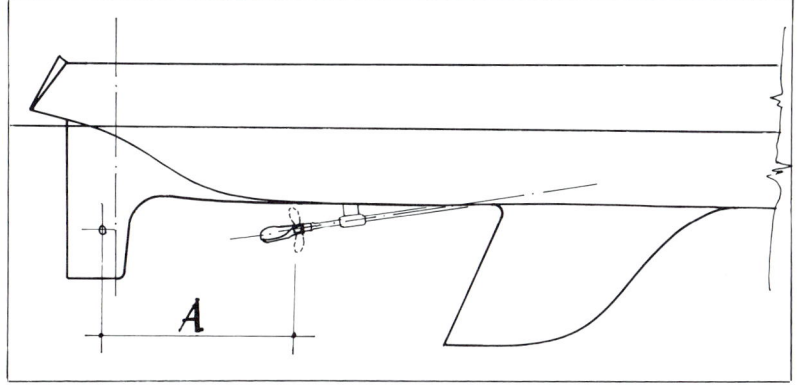

Damit das Ruder vom Propeller optimal angeströmt wird, soll der Abstand A so gering wie möglich sein. Schlechtes Steuern unter Motor ist sonst die Folge.

und ablegen. Man muß den Motor bemühen, um in eine enge Box zu kommen. Nebenher hilft er, Flauten zu überbrücken und Tiden auszudampfen.

Ob ein Motor ein Gewinn für eine Segelyacht ist, hängt ebenso von seiner Leistung und seinem gut angepaßten Propeller ab, wie von der optimalen Anströmung des Ruders. Paßt der Durchmesser des Propellers nicht zur Motorleistung und seine Steigung nicht zur Schiffsgeschwindigkeit, kann man das meist leicht ändern. Schwieriger wird es, wenn der Propeller vom Ruder zu weit weg sitzt. Das Ruderblatt dann in den Propellerstrom zu bringen, bedarf größerer Umbauten.

Geschwindigkeit

Zwei Geschwindigkeiten muß man unter Motor fahren: erstens die Höchstfahrt, zweitens die Marschfahrt. Die erste Forderung an einen Hilfsantrieb nämlich sollte sein, Rumpfgeschwindigkeit zu erreichen, die andere, leise und ohne Vibration sparsam Dienst zu tun.

Eine 10- bis 20prozentige Leistungsreserve ist für Yachten zu empfehlen, die freie Seeräume befahren. Es zeigt sich, daß die Rumpfgeschwindigkeit oft nicht einmal erreicht wird, was indessen häufiger mehr am schlechteren Wirkungsgrad eines Faltpropellers liegt, als an der Motorleistung. Ein Faltpropeller bringt jedoch gegenüber einem festen Prop weniger Widerstand beim Segeln. Nach Versuchen im Schlepptank bei 5 Knoten Fahrt maximal nur 0,01 Knoten Geschwindigkeitsverlust, während ein Festpropeller auf Werte von 0,8 Knoten kommt.

Die Marschgeschwindigkeit definiert man in der Regel mit 80% der Vollastfahrt. Gefahren wird nach dem Drehzahlmesser und gemessen entweder mit einem geeichten Log, oder man fährt eine in Seemeilen geeichte Strecke ab: Kurs- und Gegenkurs und teilt durch zwei, um Strom und Wind auszuschalten. Für die Rechnung in Knoten gilt: 1 kn = 1 sm/h.

Drehkreis und Rückwärtsfahrt

Gutes Maß für die Manövrierbarkeit einer Yacht unter Motor ist der Drehkreis. Er wird mit Marschfahrt (80% Vollast) über Backbord- und Steuerbordbug gefahren und die Zeit, die das Schiff für einen Vollkreis benötigt, gestoppt. In der Regel ist die Zeit für den Kreis über Backbordbug kürzer, da die meisten Propeller rechtsgängig sind und ihr Drehsinn die Ruderwirkung unterstützt. Drehzeiten zwischen 10 und 30 Sekunden sind für eine Yacht akzeptabel, der hohe Wert für den gemäßigten Kurzkieler.

Dabei soll der Drehkreisdurchmesser nicht mehr als eineinhalb bis zwei Schiffslängen betragen. Alles was darüber liegt, bedarf einer Inspizierung von Ruder und Propeller: Beim Flossenkieler wird das Ruder oft nicht ausreichend angeströmt, weil der Propeller zu weit vom Ruder entfernt angeordnet wurde, etwa wenn die Welle gleich hinter der Flosse austritt, während beim Langkieler der Propellerbrunnen möglicherweise eine gute Anströmung verhindert. Mit solchen Anordnungen ist in engen Häfen ein Schiff nur mit viel Fahrt zu manövrieren.

Indiz für gute Steuerbarkeit ist immer, wenn sich ein Boot rückwärts ordentlich auf dem Ruder benimmt. Hier sind vorbalancierte frei aufgehängte Ruder besonders wirksam – aber auch gefährlich: Ist der Pusch mit der Maschine rückwärts zu groß, reißen sie dem Steuermann leicht die Pinne aus der Hand, weil sie sofort übersteuern. Ruder mit Vorflosse sind auch achteraus freundlicher, wenn es ihnen auch an der Effektivität der Spatenruder mangelt. Eine Yacht ist gut manövrierfähig, wenn sie sich rückwärts in eine Box bugsieren läßt. Stimmt die Ruder-Prop-Anordnung, dann geht es sogar einfacher als voraus, da ein Boot schließlich mit dem Heck steuert.

Stoppweg

Wenn eine Yacht schon keine Bremse besitzt, so sollte sie doch in angemessener Zeit aufstoppen können. Ihr Stoppweg ist Maß dafür, wie lange vorher umgesteuert werden muß, um an einem bestimmten Punkt alle Fahrt aus dem Schiff zu haben. Dazu bringt man das Boot auf seine Marschfahrt (80% Vollast) und stoppt die Zeit zwischen Umsteuern und Stillstand.

Der gesamte Vorgang muß in stromfreiem Wasser gemessen werden; Wind und Welle stehen dabei querab. Für leichte Boote mit gutem Propeller wird man zwischen 8 und 12 Sekunden messen, für schwere oder Boote mit Faltpropeller bis zu 20 Sekunden und mehr. Aus der Formel $0{,}26 \cdot v \cdot t$ ergibt sich der Stoppweg. v ist darin die Bootsgeschwindigkeit in Knoten und t die Zeit in Sekunden, der Faktor 0,26 steht für die Umrechnung von Knoten in Meter pro Sekunde, damit der Weg in Metern herauskommt. Mehr als zwei Bootslängen sollte eine Yacht nicht zum Aufstoppen benötigen. Alles was darüber liegt ist nur schwer zu bugsieren.

Stabilität und metazentrische Höhe

Besonders Neukäufer von Segelyachten bedrängt die Frage: Ist ein Boot auch kentersicher? Für Kielboote kann man durchweg sagen: ja. Indessen ist die sogenannte Stabilität unterschiedlich gelagert: Zuviel richtet ein Boot unkomfortabel abrupt wieder auf. Für eine gute Fahrtenyacht gilt: Stabilität nur soviel, wie zum Segeltragen und Wiederaufrichten nötig, und so wenig, wie für gutes Seeverhalten möglich. Mit zwei relativ einfach zu veranstaltenden Versuchen kommt man zumindest dahinter, wie die Stabilität des Versuchsbootes in Relation zu anderen bekannten Booten liegt, ob sie normal ist.

Das Wort stabil wird im Schiffbau für den Gleichgewichtszustand des gesamten Schiffes gebraucht. Für die Sicherheit einer Yacht steht die gesamte Krängungsstabilität als Vermögen, sich aus extremer Lage wieder aufzurichten. Als Maß für einen Stabilitätsvergleich – die Stabilität auszurechnen ist sehr aufwendig und mit Prospektangaben nicht zu leisten – definiert man, wie im Kapitel „Stabilität" beschrieben, den Abstand zwischen Metazentrum und Gewichtsschwerpunkt als die metazentrische Höhe GM.

Für die praktische Auslegung von GM nun gibt es zwei Verfahren, die man beide leicht selbst an einer im Wasser liegenden Yacht durchführen kann. Zum Verfahren 1 wird die Yacht an einem möglichst windstillen Tag im segelfertigen Zustand, das heißt mit Ausrüstung und Crew und halbvollen Tanks gekrängt. Dazu wird, wenn das Boot lose an seinen Festmachern liegt, ein Gewicht auf dem Seitendeck von der Mitte nach außen verschoben (das können auch Personen sein), so daß das Boot merklich krängt. Die Meßvorrichtung für den Krängungswinkel ist ein Pendel, das man unter Deck anbringt (Bändsel mit einem kleinen Gewicht). Mit dem Krängungsgewicht m_K (etwa 150 Kilogramm für eine 10-Meter-Yacht), der Länge des Verschiebeweges auf Deck e, dem Pendelausschlag s, der Pendellänge l und der Verdrängung der Yacht V bekommt man die metazentrische Höhe in Metern aus:

STABILITÄT UND METAZENTRISCHE HÖHE

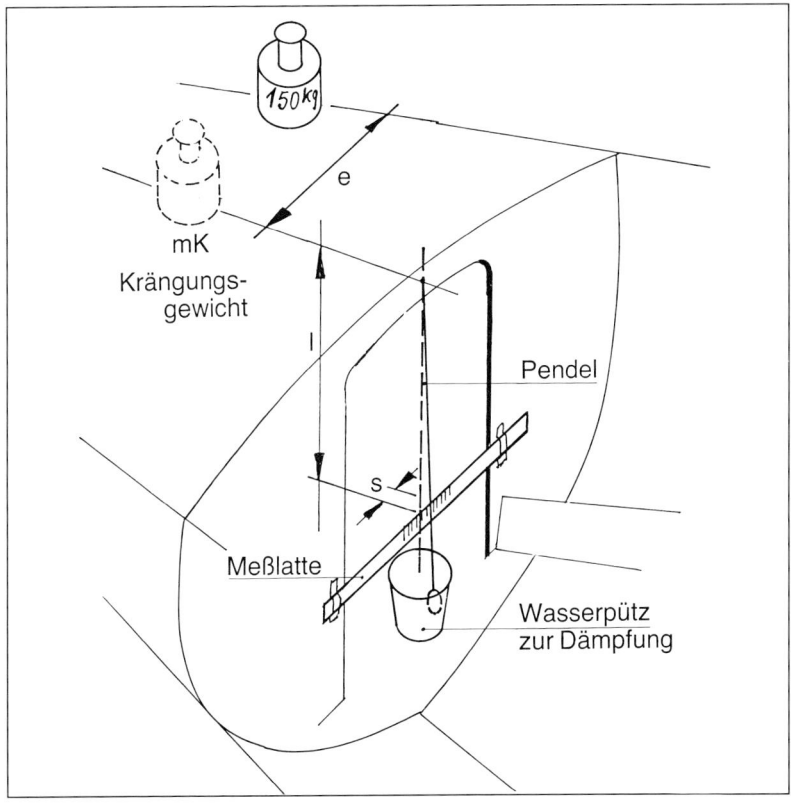

Krängungsversuch zur Bestimmung der metazentrischen Höhe GM: Zu messen sind Pendellänge l, Pendelausschlag s und der Verschiebeweg e. Das Krängungsgewicht kann auch durch Crewmitglieder realisiert werden.

$$GM = \frac{m_K \cdot e \cdot l}{V \cdot s}$$

Die andere Methode ist noch einfacher: Hier wird lediglich die Rollzeit einer Yacht gemessen. Dazu setzt man das Boot in eine schwingende

Bewegung und mißt die Zeit, welche die Mastspitze benötigt, eine volle Schwingung von einer Seite zur anderen auszuführen. Mehrere Schwingungen zu messen erhöht die Genauigkeit. Wenn das GM ausgerechnet wird, muß das Ergebnis lediglich durch die Zahl der Schwingungen geteilt werden. Die dazugehörige Formel lautet:

$$GM = \left(\frac{B_{max} \cdot C}{T}\right)^2$$

Darin sind B_{max} die größte Bootsbreite in Metern, und T die Schwingungszeit in Sekunden (eine Schwingung stellt die Eigenperiode der Yacht dar) und C ein Faktor zur Differenzierung zwischen schweren und leichten Schiffen: 1,56 für schwer und 1,24 für leicht. Andere Schiffe liegen dazwischen. Je nach Stabilität wird man für die Eigenperiode zwischen 4 und 16 Sekunden messen. Beide Formeln stellen eine Näherung dar und gelten für die Anfangsstabilität, also für Krängungswinkel bis zirka 15 Grad.

Stabilitätsvergleich

Die metazentrische Höhe einer Yacht sagt für sich noch nichts aus. Es fehlt ihre Hebelarmkurve, die man meist nicht bekommt. Man hilft sich mit einem Vergleich der Stabilität anderer Yachten. Konstrukteure benutzen dazu einen empirisch ermittelten Wert, den sogenannten Dellenbough-Koeffizienten, da auch für sie die Berechnung des Verdrängungsschwerpunktes und der Wasserlinien-Trägheitsmomente für jeden Neigungswinkel eine recht umständliche Angelegenheit ist. Der Dellenbough-Koeffizient, kurz DK genannt, gibt den Krängungswinkel an, auf den sich eine Yacht während einer Windstärke von 4 Beaufort quer zur Fahrtrichtung mit dichtgeholten Schoten einstellt, was einem Winddruck im Segel von 4,88 daN/m^2 entspricht.

Der Wert jedoch nutzt nur etwas, wenn man Vergleiche zur Hand hat. Die bekommt man mit Hilfe eines Diagrammes: Es zeigt DK-Werte über

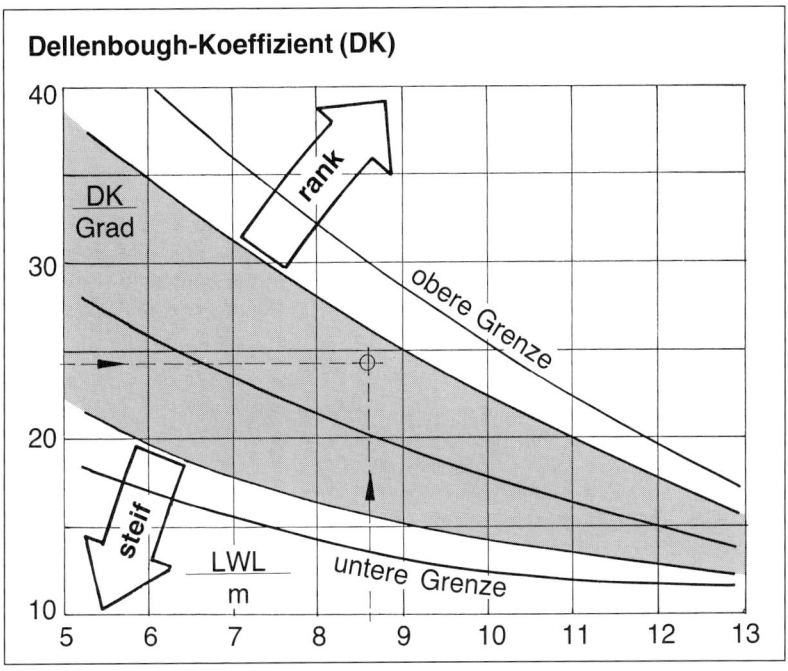

Der Dellenbough-Koeffizient (DK) läßt einen Schluß auf die Stabilität einer Yacht zu. Der errechnete Wert dient einem Vergleich mit Hilfe dieses Diagramms. Mit dem Wert DK von der senkrechten und der Wasserlinienlänge von der waagerechten Achse ausgehend, bekommt man einen Schnittpunkt, der angibt, wo das Boot zwischen rank und steif liegt.

die Wasserlinie aufgetragen, die nach IOR-Meßbriefen des Deutschen Segler-Verbandes (DSV) ermittelt wurden. Mit dem gerechneten Koeffizienten und der Wasserlinie bekommt man so eine gute Vorstellung von der Stabilität einer Yacht. Der Dellenbough-Koeffizient rechnet sich nach:

$$DK = \frac{p \cdot AS \cdot (H + 0{,}4 \cdot T)}{GM \cdot V}$$

Darin sind p der Winddruck entsprechend 4,88 daN/m^2, AS die Segelfläche in m^2, H der Segelschwerpunkt über der WL in m, T der Tiefgang in m, GM die metazentrische Höhe in m und V die Verdrängung in kg. Heraus kommt der DK in Grad.

Der Dellenbough-Koeffizient ist das aus der Praxis gewonnene Pendant zur Segeltragezahl aus Segelfläche und Verdrängung, die ebenfalls als Vergleichswert angibt, ob eine Yacht steif oder rank geraten ist und ganz grob eben auch Hinweise auf den Bootstyp. Zum DK ist noch zu sagen, daß die metazentrische Höhe der aufrechten Lage benutzt wird. Sie berücksichtigt nicht den zusätzlichen Einfluß der Form.

Anhang

Symbole und Bezeichnungen

Int.*	Alt		
LOA	Lüa	[m]	= Länge über alles. Gemeint ist die Rumpflänge. Klüverbaum oder angehängtes Ruder sind hierin nicht enthalten.
LWL	CWL	[m]	= Länge der allgemeinen Schwimmwasserlinie. Da auch im Bootsbau unterschiedliche Verdrängungen – leer oder voll – gebräuchlich sind, findet man auch die betreffende Länge mit dem dazugehörigen Tiefgang, z. B. LWL 1,8 bei 1,6 m Tiefgang.
B		[m]	= Breite auf Außenkante Außenhaut.
BWL		[m]	= Breite der Schwimmwasserlinie.
T		[m]	= Tiefgang, größter.
TR		[m]	= Tiefgang des Rumpfes bei Wattenkreuzern oder bei Booten ohne Kiel.
TS		[m]	= Tiefgang mit Schwert.
F	S	[m]	= Freibord, allgemein.
FV		[m]	= Freibord vorn.
FH		[m]	= Freibord hinten.
FM		[m]	= Freibord auf 0,5 LOA, oder bei Booten mit Sprung an der niedrigsten Stelle.

* Die erste Spalte enthält die internationale Bezeichnung, die zweite die ältere, in der Literatur aber noch benutzte Bezeichnung.

V	▽	[m³]	= Verdrängung, d. h. Rauminhalt des Unterwasserteils der Yacht, bezogen auf Außenkante Außenhaut
D	△	[t]	= Deplacement = Gewicht der verdrängten Wassermenge im Seewasser, d. h. voll ausgerüstete Yacht mit Besatzung, Effekten, Proviant und vollen Tanks. $D = V \cdot \rho$ ($\rho = 1{,}025$)
BA		[t]	= Ballast. Angabe in kg oder t und nicht in %, da diese Angabe besonders bei kleinen Booten (leer oder voll) zu erheblichen Differenzen führen kann.
AS	FS	[m²]	= Segelfläche. Angegeben wird die effektive größte Segelfläche am Wind, d. h. Großsegel und 150% Genua (Genua mit 50% Überlappung). Die einzelnen Segel werden durch eine Zahl gekennzeichnet, die auch im Segelplan auftaucht. Z. B. AS 1; 1 = Großsegel, 2 = 150%-Genua, 3 = Besan, 4 = Kreuzfock etc., mit beliebiger Festlegung.
AM	F	[m²]	= Hauptspantfläche, gemessen wird im Gegensatz zum Schiffbau der maximale Querschnitt, der meist außerhalb von 0,5 LWL liegt.
AK		[m²]	= Fläche des Kiels in der Seitenansicht.
AR		[m²]	= Fläche des Ruders in der Seitenansicht.
AW		[m²]	= Wasserlinienfläche.
S		[m²]	= Benetzte abgewickelte Oberfläche des Rumpfes mit Kiel und Ruder.
ALP	LP	[m²]	= Lateralfläche gesamt, also Rumpf, Kiel und Ruder in der Seitenansicht (nicht abgewickelt).
CWP	α		= Völligkeitsgrad der Wasserlinienfläche $\dfrac{AW}{L \cdot B}$

SYMBOLE UND BEZEICHNUNGEN

CM	β		= Völligkeitsgrad der Hauptspantfläche (ohne Kiel)
M			= Metazentrum.
MB		[m]	= Metazentrische Höhe. Höhe des Breitenmetazentrums über Verdrängungsschwerpunkt.
MG		[m]	= Metazentrische Höhe. Höhe des Breitenmetazentrums über Gewichtsschwerpunkt (G).
PHI	φ	[°]	= Krängungswinkel, auch mit φ bezeichnet.
h		[m]	= Hebelarm der statischen Stabilität.
MST		[Nm]	= Allgemeines Stabilitätsmoment.
MKR		[Nm]	= Krängendes Moment.
MAR		[Nm]	= Aufrichtendes Moment.
SM		[Nm/°]	= Segelmoment. MAR = MKR bei dem Krängungswinkel „Wasser an Deck" mit der Segelfläche AS (Groß + 150% Genua).
IE		[°]	= Wasserlinieneintrittswinkel. Winkel zwischen Wasserlinie und Mittschiffsebene am Vorsteven.
IR		[°]	= Wasserlinienaustrittswinkel. Winkel zwischen Wasserlinie und Mittschiffsebene am Heck.
B			= Verdrängungsschwerpunkt, allgemein.
G			= Gewichtsschwerpunkt.
CS			= Koeffizient der benetzten Oberfläche $$CS = \frac{S}{\sqrt{V \cdot L}}$$
CSA			= Verhältnis Segelfläche zur benetzten Oberfläche $$CSA = \frac{AS}{S}$$

CLP			= Lateralplankoeffizient

$$CLP = \frac{ALP}{LWL \cdot T}$$

CDL = Deplacement-Längen-Verhältnis

$$CDL = \frac{D}{(0{,}1 \cdot LWL)^3}$$

CLV = Längen-Verdrängungs-Verhältnis

$$CLV = \frac{LWL}{\sqrt[3]{V}}$$

CDL und CLV sind ähnlich, wobei der letztere wegen der Dimensionsgleichheit zu bevorzugen ist. Die CDL-Werte sind aber besonders im englischsprachigen Schrifttum üblich.

CAV = Segelflächen-Verdrängungs-Verhältnis

$$CAV = \frac{\sqrt{AS}}{\sqrt[3]{V}}$$

Vo Vo [m/s] = Bootsgeschwindigkeit.
FN Fn   = Froude-Zahl

$$FN = \frac{V}{\sqrt{g \cdot LWL}} \quad (g = 9{,}81)$$

VS V [kn] = Bootsgeschwindigkeit.
R   = Relative Geschwindigkeit

$$R = \frac{V}{\sqrt{LWL}} \quad \left(\frac{kn}{m}\right)$$

Diese Verhältniszahl ist üblich in englischsprachigen Ländern und bei Seglern (z. B. als Rumpfgeschwindigkeit mit Vo = 2,43 $\sqrt{LWL}$) allgemein bekannt.

Ingenieure und Wissenschaftler bedienen sich lieber der Froude-Zahl.

RP $\left[\frac{1}{T}\right]$ = Rollperiode.

$$GM \approx \left(\frac{f \cdot B}{T}\right)^2$$

Bei bekanntem GM lassen sich bei genügender Anzahl von Messungen die f-Werte festlegen zur Beurteilung der Stabilität.

DKR $\left[\frac{1}{T}\right]$ = Gemessen wird der Drehkreis 360° in m und die Zeit in Sekunden.

L:B = Länge zur Breite, bevorzugt werden die Maße in der Schwimmwasserlinie, also LWL : BWL.

B:T = Breite zum Tiefgang, bevorzugt werden die Maße in der Schwimmwasserlinie, also BWL : T.

Windstärken-Tabelle

Beaufort	km/h	Knoten	m/s	Wirkung
0	0–1	0–1	0–02,	See spiegelglatt
1	2–5	1–3	0,3–1,5	See kräuselt sich leicht
2	6–11	4–7	1,6–3,3	Wellen deutlich ausgeprägt
3	12–19	8–11	3,4–5,4	Erste Schaumkronen
4	20–28	12–15	5,5–7,9	Häufig weiße Schaumkronen
5	29–38	16–21	8–10,7	Überall Schaumkronen
6	39–49	22–27	10,8–13,8	Brechende Kämme, Schaumflächen, Gischt spritzt
7	50–61	28–33	13,9–17,1	Weißer Schaum in Streifen zur Windrichtung
8	62–74	34–40	17,2–20,7	Schaum in ausgeprägten Streifen
9	75–88	41–47	20,8–24,4	Hohe Wellenberge, See beginnt zu rollen
10	89–102	48–55	24,5–28,4	See weiß, Gischt beeinträchtigt die Sicht
11	103–117	56–63	28,5–32,6	Orkanartiger Sturm
12	118–133	64–71	32,7–36,9	Schwerer Orkan

Linienriß:
Röntgenbild der Yachteigenschaften

Von den Individualbauten abgesehen, kommen Yachten heute aus der Fabrik. Ihre Rümpfe stammen mithin aus einer Negativschale, die als Form dasteht für alle nachfolgenden Rümpfe. Der Linienriß wird nur noch zur Herstellung des Formmodels benötigt. Dennoch ist die einschlägige Literatur voll von Rissen, welche die Yachtrümpfe beschreiben, Linienrisse eben. Schnell wird auch der Laie von der Faszination dieser Rumpfdarstellungen erfaßt. Wer sich auf den Bootsausstellungen Yachtrümpfe anschaut, deren Formen durchweg geeignet sind, einen Preis für gutes Industriedesign zu bekommen, würden sie denn nicht gerade Yachtrümpfe sein, dessen Augen werden auch auf den Linienrissen spazieren gehen. Linienrisse nämlich geben die Formen eines Yachtrumpfes ungewöhnlich plastisch wieder, so daß der Unterschied zwischen „Schiffe gucken" auf der Messe und „Risse lesen" zu Hause eigentlich nur in den weniger müden Füßen liegt.

Besser als eine Fotografie oder sonst eine zeichnerische Darstellung macht der Linienriß eine detaillierte Aussage über einen Bootsrumpf. Einen Linienriß zu betrachten, offenbart oftmals sogar mehr über das Wesen einer Yacht, als sie etwa an Land stehen zu sehen. Selbst wenn man um das Boot herumgeht, bekommt man meist nicht so viel von seinen Merkmalen mit, als wenn man es als gesamtes Bild sozusagen komprimiert vor sich hat.

Mit ein bißchen Übung bekommt man sehr schnell ein Gefühl für die Schönheit von Yachtlinien. Nimmt man IOR-Auswüchse einmal aus, dann sieht man alle Linien fein auslaufen in einem harmonischen Verhältnis zueinander, ohne Buckel oder Dellen. „Eine Linie strakt", sagt der Bootsbauer, was aus dem Niederdeutschen kommt und streicheln bedeutet. Und wenn man ihm beim Abputzen und Schleifen eines Holzrumpfes zuschaut, wird klar, was gemeint ist: Er streicht mit der Hand über den Rumpf, um Unebenheiten, die nicht straken, zu erkennen.

LINIENRISS: RÖNTGENBILD DER YACHTEIGENSCHAFTEN

Und straken sollen die Linien, damit die Stromfäden, die bei Fahrt durch das Wasser am Rumpf entlanggleiten, nicht abreißen und widerstandsbildende Zöpfe erzeugen. Das läßt den Schluß zu, daß eine gut strakende Yacht auch schnell ist, und da man heute mit immer weniger Verdrängung Yachten schnell macht, ist eine schwere Yacht mit einem harmonisch verlaufenden Unterwasserschiff zumindest nicht langsam. Wenn man die Linien alter Risse betrachtet – von neueren Fabrikbooten bekommt man sie ja leider äußerst selten zu sehen – wird einem das klar. Ein geschultes Auge trennt auf den Messen schnell die Spreu vom Weizen, und die Wahl des richtigen Bootes wird nicht mehr so schwerfallen.

Eine Yacht hat nun mal keine geraden sondern kurvenförmige Linien. Für die Darstellung der Schiffsform ergeben sich dadurch Besonderheiten, die es in anderen Bereichen der Technik so nicht gibt: Die Rumpfhälften müssen zum Beispiel exakt symmetrisch sein und eben einwandfrei strakende Linien besitzen, soll die Fahrtleistung ohne Tadel sein. Ein peinlich genau gezeichneter Linienriß ist deshalb nötig. Von ihm werden später alle Maße in vergrößertem Maßstab abgenommen.

Als man noch ohne Computerhilfe konstruierte, stimmte zumindest der Strak, denn die zeichnerische Verbindung von Punkten wurde mit Hilfe von Straklatten vorgenommen, die nur strakende Linien und Kurven zulassen. Der Plotter eines Rechners dagegen merkt gar nicht, wenn eine Kurve zu scharf ist, eine Linie einen Buckel hat. Um in eine IOR-Vermessung hineinzupassen, sind Beulen und Einschnürungen manchmal sogar gefragt.

Im Linienriß wird der Yachtrumpf in drei Ansichten dargestellt: Längsriß, Grundriß, Seitenriß. Im Längs- und im Grundriß zeichnet man den Vorsteven immer rechts und das Achterschiff immer links, in Grundriß und Seitenriß meist nur eine Schiffshälfte, die andere ist dann ihr Spiegelbild.

Für den gesamten Linienriß nun schneidet man den Rumpf in verschiedenen Richtungen mehrmals auf. Die Begrenzungslinien dieser Schnitte sind Kurven, die mit Spanten, Wasserlinien, Schnitte und Senten bezeichnet werden.

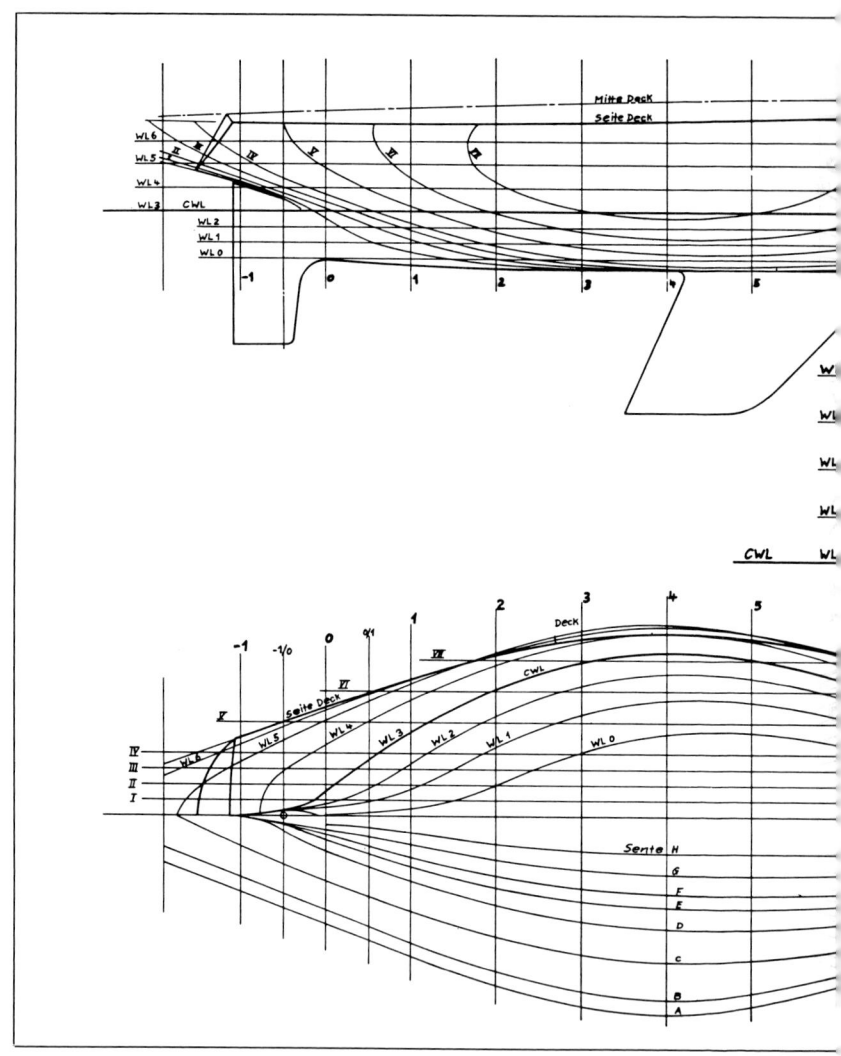

Linienriß: Um den Rumpf einer Yacht zweidimensional darstellen zu können, sind Schnitte nötig, die den Körper in Scheiben schneiden: senkrechte Schnitte längsschiffs (I bis VII) ergeben den Längsschnitt (oben), waagerechte Schnitte (WL0 bis WL7) die Wasserlinien (unten) und senkrechte Schnitte querschiffs (−1 bis 10) den Spantenriß (rechts). Die Zahlen im Seitenriß zeigen die Spantenfolge. Man er-

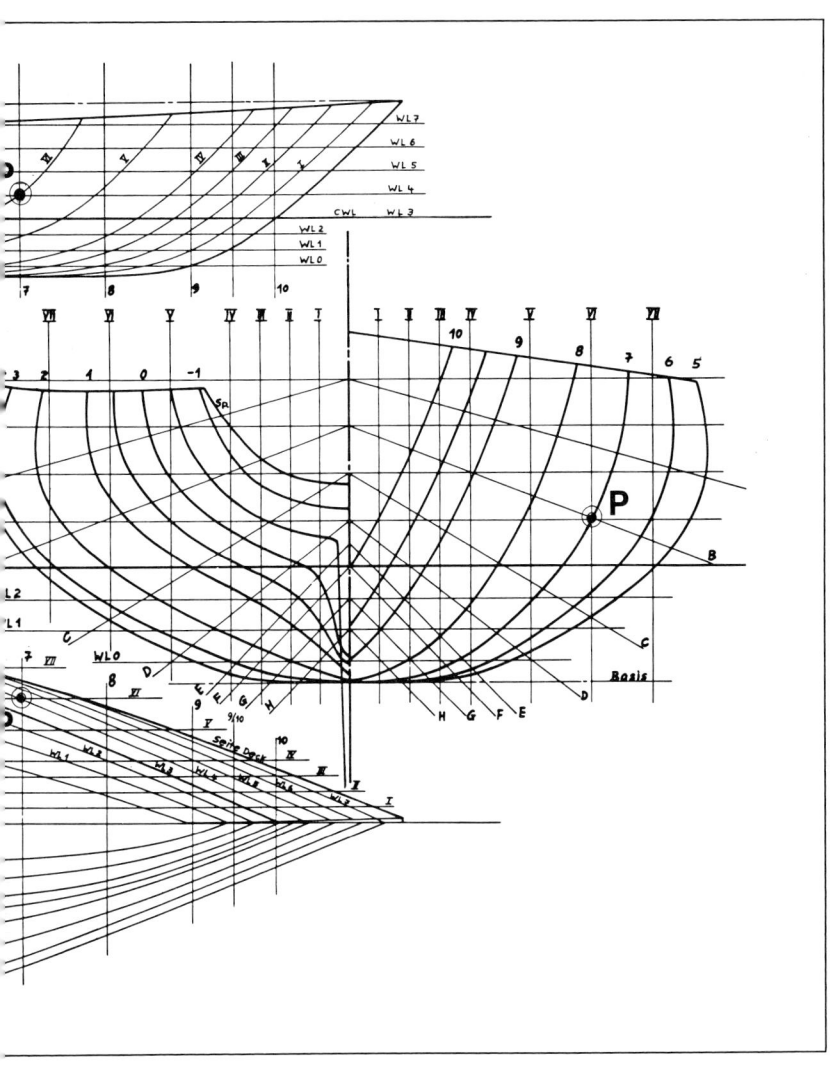

kennt, daß der linke Teil des Spantenrisses das Boot von achtern gesehen darstellt (Spt. −1 bis 4) und der rechte Teil von vorn (Spt. 5 bis 10). Spant 4 ist das Hauptspant. Die Diagonalschnitte (A bis H) sind die Senten. Mit diesen Schnitten ist jeder Punkt auf der Außenhaut festgelegt. Er taucht in allen drei Darstellungen wieder auf. Beispiel P: 7/VI/WL4.

Spanten Sie entstehen, wenn man den Rumpf von achtern nach vorn in gleichen Abständen in Scheiben schneidet. Es ergeben sich Querschnitte; deren Begrenzungslinien sind die Spanten. Das größere Spant ist das Hauptspant; wegen seiner Wichtigkeit wird von ihm die Backbord- und Steuerbordseite gezeichnet. Rechts der Mittellinie trägt man die Spanten des Vorschiffes auf, links die Spanten des Achterschiffs. Der Seitenriß des Linienrisses ist der Spantenriß. Hier erscheinen die Spanten als gerade Linien. Vom hinteren Lot mit 0 beginnend sind die Spanten fortlaufend numeriert.

Wasserlinien Schneidet man den Rumpf in waagerechte Scheiben, erhält man die Wasserlinienflächen. Ihre Begrenzungskurven sind die Wasserlinien. In dem oberen Teil des Grundrisses (nur eine Hälfte wegen der Symmetrie) stellen sie den Wasserlinienriß dar. Die wichtigste Wasserlinie ist die Konstruktionswasserlinie CWL. Sie ist die errechnete Schwimmwasserlinie, auf der das Boot schwimmen soll. Da das Unterwasserschiff am meisten für die Fahrtleistung einer Yacht zuständig ist, sind die Wasserlinien hier dichter gelegt.

Schnitte Zur Überprüfung des Spanten- und des Wasserlinienrisses legt man noch Längsschnitte parallel zur Mittschiffsebene an, die den Rumpf in gleiche lotrechte Scheiben teilen. Ihre Kurven findet man im Längsriß wieder.

Senten Diese Schnitte sind von der Mittschiffsebene so durch die Rumpfhälften gelegt, daß sie möglichst viele Spanten senkrecht schneiden. Als gerade Linien zeichnet man sie in den Spantenriß ein und ihre Begrenzungskurven in den Grundriß unterhalb des Wasserlinienrisses. Die Senten dienen insbesondere der Kontrolle des Spantenrisses und des Wasserlinienrisses: Straken sie, sind die Risse in Ordnung. Fehler lassen sich durch die Senten lokalisieren.

Für das Bewerten der Eigenschaften einer Yacht werden ganz besonders Spanten- und Wasserlinienriß relevant: Die Spanten geben Auskunft über die Querschnittsform und damit über Stabilität, über Tiefgang und Breite. Dazu sagen sie etwas aus über die Verdrängung und schließlich über den Formwiderstand, der für die Fahrtgeschwindigkeit einer Yacht steht. Der Wasserlinienriß dagegen sagt etwas über die Völligkeit des

Unterwasserschiffes und über die Form und Größe der Überhänge aus, und letztlich kann man sich ein Bild vom Strömungsverlauf am Rumpf machen.

Zylinderkoeffizient

Gelegentlich benutzen Bootsverkäufer auf den Messen den niedrigen Zylinderkoeffizienten eines Bootes als Verkaufsargument. Wie man heute beim Auto vom niedrigen c_W-Wert spricht, den ein Käufer so leicht nicht nachprüfen kann, so versucht man es bei Booten mit guter Stromlinienform. Eine strömungsgünstige Form war für einen Yachtrumpf zwar immer obligatorisch, indessen gibt man dem Kind jetzt einen Namen und versucht zu definieren. Mit dem Zylinderkoeffizienten kommt man dem dann auch ziemlich nahe. Zum Mitreden sei er hier kurz erklärt.

Da flache Wellensysteme weniger Energie verbrauchen als bei gleicher Wellenlänge steile, gerät die Völligkeit der Rumpfenden in Relation zum Hauptspant zu einem wichtigen Faktor bei der Beurteilung einer Segelyacht. Ihre Völligkeit nämlich beeinflußt Lage und Höhe der Wellenberge und den am Schiffsboden erzeugten dynamischen Auftrieb. Sie zusammengenommen machen letztlich den Wellenwiderstand aus.

Zur Beschreibung der Völligkeit definiert man einen sogenannten Zylinderkoeffizienten, indem man die Gesamtverdrängung V durch die Fläche AM des Hauptspantes, multipliziert mit der Wasserlinienlänge, dividiert. Die Formel für den Zylinderkoeffizienten lautet dann: V/AM · LWL.

Über das Geschwindigkeits-Längen-Verhältnis aufgetragen ergeben die als optimal herausgefundenen Werte erst eine flache, dann steil ansteigende Kurve als Kriterium für die Beurteilung des wellenbildenden Widerstands. Der Zylinderkoeffizient bewegt sich zwischen den Werten 0,50 und 0,70, abhängig davon, für welche relative Geschwindigkeit ($v_S/\sqrt{LWL}$) ein Boot konzipiert wurde: Schwerdeplacement-Yachten haben schlanke Schiffsenden, was einem niedrigen Koeffizienten entspricht, moderne Leichtbauten, die raum und vor dem Wind höhere Geschwindigkeiten erreichen, vollere und damit einen höheren Koeffizienten.

ANHANG

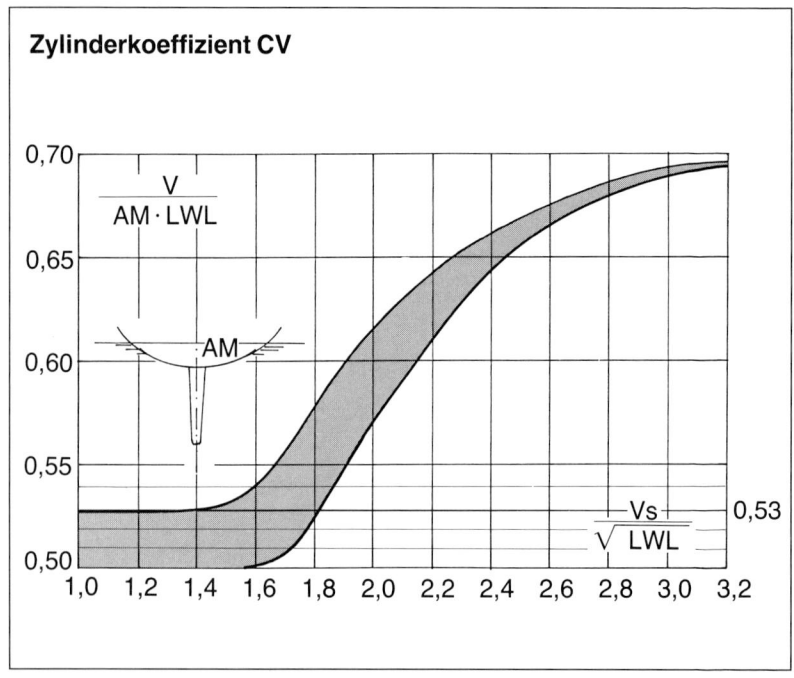

Ob schlank oder völlig gibt der Zylinderkoeffizient an. Die Kurve zeigt den optimalen Wert abhängig vom Geschwindigkeits-Längen-Verhältnis. Danach sind Yachten unter 0,53 Leichtwetterschiffe. Boote für mehr Wind weisen einen höheren Koeffizienten auf.

Ausgesprochene Leichtwetteryachten, die mit niedrigen Geschwindigkeiten segeln, besitzen Werte zwischen 0,50 und 0,53. Gute Allround-Eigenschaften zeigen Fahrtenyachten mit Werten zwischen 0,53 und 0,55. Für jede Geschwindigkeit gibt es einen passenden Zylinderkoeffizienten: Hohe Werte (bis 0,7), wenn viel Verdrängung in die Enden gelegt wurde, wie bei den zum Gleiten konzipierten Leichtbauten mit breitem aufliegenden Achterschiff.

DER ZYLINDERKOEFFIZIENT

Leider kann man zumindest auf den Messen den Zylinderkoeffizienten nicht so leicht ermitteln. Wenn manche Bootshändler indessen schon mit ihm werben, sollten sie ihn zumindest in ihren Prospekten angeben.

Stichwortverzeichnis

Abdrift 111
Ablaufwinkel 78
Apfeldiagramm 13, 38, 108
Auf einen Blick, Bootseigenschaften 104
Auftriebsschwerpunkt 18, 21
Außenborder 87

Backstagen 22, 81
Ballast 31, 81
Baumerkmale 57
Benetzte Oberfläche 12, 34, 50
Bewegungen im Seegang 49, 50
Bezeichnungen 123
Bodenschnitte 79
Bootsgeschwindigkeit 13, 16, 33, 97, 99, 108
Bootskategorien 25
Bootstypen 24
Breite über alles 28
Breite Wasserlinie 28, 34, 89
Breit oder schmal? 89

Cockpit 22

Dellenbough-Koeffizient 121
Diagramme 88 ff.
Doppelkojen 22
Drehkreis 111, 116
Druckpunktabstand 70
Druckpunkt 67, 70

Einrichtung, ideale 51
Eintrittswinkel 72, 76

Fahrdaten 107
Fahrtbereiche 25
Fahrtleistung 12, 95, 101, 103
Formstabilität 19, 21, 44, 61, 91
Freibord 29, 45

Germanischer Lloyd 24
Geschwindigkeit nach Luv 37, 110
Gewichtsschwerpunkt 18, 21, 52, 85
Gewichtsstabilität 19, 31
Gleitzustand 16, 93, 99

Hauptmerkmale 10
Hauptspant 59, 78
Hebelarmkurve 54, 56
Hebelarm 18
Heckform 14, 77, 78
Höhe am Wind 36, 38, 109

Jollenkreuzer 24

Kielfläche 62
Kielprofil 62
Kielsegelboot 24
Kielumriß 63, 64
Kleinkreuzer 25
Knickspant 61
Kojen, seefähige 53

SACHREGISTER

Konstruktionseigenschaften 33
Krängung 18, 19, 67, 113
Kreuzeigenschaften 89
Küstenkreuzer 25
Kursstabilität 39, 58, 65 ff.
Kurzkieler 40, 62, 71
Kutterrigg 83

Länge über alles 26
Länge Wasserlinie 12, 16, 26, 89, 97
Langfahrtyacht 25
Langkieler 39, 62, 71
Lateralplan 37, 40, 43, 57 ff.
Leichtdeplacement 16, 30, 93
Leicht oder schwer? 93
Linienriß 47, 128, 130 ff.
Luvgierigkeit 67

Manövrierfähigkeit 39, 114
Mastprofil 83
Metazentrische Höhe 18, 118
Metazentrum 18, 21, 44
Motorsegler 24, 86
Motor 85

NACA-Profil 37, 64

Polarkurve 13, 38, 108
Propeller 86, 116

Rank oder steif? 91
Raumangebot 46
Reibungswiderstand 12, 34, 93
Riggdrähte 83
Rollzeit 119
Ruderfläche 58, 70
Ruderformen 66 ff.
Rudervorflosse 39 ff., 49, 58, 70
Ruder 65
Ruder, balanciert 67, 69, 117
Rückwärtsfahrt 116

Rumpfenden 52, 133
Rumpfgeschwindigkeit 12 ff., 16, 79, 85
Rumpflinien 16, 46, 128

Saildrive 86
Saling, gepfeilt 81
Scheel-Kiel 64
Schnell oder langsam? 97, 102
Schnitte 132
Schwerdeplacement 30, 93
Seefreundlichkeit 47, 48 ff.
Seekrankheit 19, 45
Seekreuzer 22, 24
Seetüchtigkeit 46, 89, 91
Segelfläche 31, 89, 97
Segeljolle 22, 24
Segelplan 47
Segelstreckung 80
Segeltragzahl 30, 95
Segeltragevermögen 44, 91, 103
Segelyacht 24
Seitenverhältnis 37, 42, 67
Senten 132
Sicherheit 22, 54 ff.
Spanten 132
Spantformen 35
Stabilitätsumfang 19, 21, 113
Stabilitätsvergleich 118, 120
Stabilität 17, 34, 56, 118, 121
Steifigkeit 43, 44, 121
Stevenform 71 ff.
Stoppweg 117
Strak 48, 130
Symbole 123
S-Spant 40, 43

Tiefgang 28, 37
Topprigg 81
Trimm 76, 85

Über- oder untertakelt 91, 95

SACHREGISTER

Unsinkbarkeit 54

Verdrängerfahrt 78, 97, 98
Verdrängungshacke 41
Verdrängung 14, 30, 34, 89
Vergleichswerte, elektronisch 113
Verhältniszahlen 88 ff.
Völligkeitsgrad 59, 133
Vorschiffsanlauf 71, 73

Wasserlinien 132
Wellensystem 16

Wellenwiderstand 14, 77, 133
Wendewinkel 36, 38, 109
Widerstandsmoment 84
Winddruck 18, 122
Windstärken 127

Zuladung 30
Zweimaster 83
Zylinderkoeffizient 24, 59, 133

$7/8$-Rigg 81

Die **YACHT-BÜCHEREI** ist die preiswerte Bibliothek für eingehendes Fachwissen auf vielerlei Spezialgebieten. Diese Bände sind lieferbar:

1 **Das kleine Sternenbuch** von W. Stein
8 **Wetterkunde** von W. Stein
9 **Knoten, Spleißen, Takeln** von E. Sondheim
13 **8 × Wassersport** (Wörterbuch) von B. Webb
27 **Medizin an Bord** von Dr. K. Bandtlow
28 **Kleines Signalbuch** von E. O. Braasch
29 **Allgemeines Sprechfunkzeugnis** von H. Overschmidt/C. Johann
32 **Bootspflege selbst gemacht** von J. Schult
33 **Bootsreparaturen selbst gemacht** von J. Schult
34 **Praktisches Navigieren nach Gestirnen** von M. Blewitt
39 **So arbeitet das Segel** von J. Schult
40 **Segeltechnik leicht gemacht** von J. Schult
41 **Richtig ankern** von J. Schult
47 **Außenborder** von H. Donat
50 **Spinnakersegeln** von B. Aarre
52 **Kleine Boote selbst gebaut** von H. Donat
54 **Die Wettsegelbestimmungen 1989–1992** von E. Twiname
55 **Bootsmotoren – Diesel u. Benzin** von H. Donat
57 **Seeschiffahrtsstraßen-Ordnung** von A. Bark
59 **Segler-Lexikon** (Doppelband) von J. Schult
60 **Hafenmanöver** von B. Schenk
62 **Radar auf Yachten** von Hans G. Strepp
66 **UKW-Sprechfunkzeugnis** von G. Hommer
67 **Kompaß-ABC** von A. Heine
68 **Wie baue ich meine Yacht?** von K. Reinke
70 **Chartern ohne Risiko** von J. Herrmann/U. v. Hintzenstern
72 **Notfälle an Bord – was tun?** von J. Schult (Doppelband)
73 **Mehr Meilen mit weniger Sprit** von H. Donat
74 **Psychologie an Bord** von M. Stadler
75 **Nachtfahrt** von J. Schult
76 **Segler-Quiz** von J. Schult
77 **Windselbststeueranlagen** von M. Naujok
78 **Motorsegler** von H. Donat
79 **Yachtelektronik** von J. F. Muhs
80 **Bootsanhänger** von H. Donat
81 **Schiffe aus zweiter Hand** von H. Donat
82 **Ich kaufe eine Traileryacht** von R. Drenk
83 **Überhol deine Navigation** von H. Janßen
84 **Yachtelektrik** von J. F. Muhs
85 **Decca, Radar und Satellitennavigation** von T. Rietveld
86 **Das optimal getrimmte Rigg** von P. Schweer
87 **Die ungleichen Partner** von G. Engel
88 **Astronomische Navigation** von W. Stein/W. Kumm
89 **Mit dem Boot ins Winterlager** von H. Janßen
90 **Heizen und Kühlen an Bord** von E. Lamprecht
91 **Navigation leicht gemacht** von W. Stein/W. Kumm
92 **Kollisionsverhütungsregeln** von A. Bark
93 **Wolken und Wetter** von D. Karnetzki
94 **Match Racing** von J. Halbe
95 **Wie beurteile ich eine Yacht** von J. F. Muhs
96 **Festkommen und abbringen, stranden und bergen** von J. Schult
97 **Luftdruck und Wetter** von D. Karnetzki

Die Bibliothek wird laufend erweitert. Fragen Sie bitte Ihren Buchhändler und beachten Sie unsere Ankündigungen.

 **Delius Klasing Verlag**

Jörg Kempshick
Königsplatz 7
32423 Minden
☏ 0571 / 22828